MIX
Papier aus verantwortungsvollen Quellen
Paper from responsible sources
FSC® C105338

Manuel Däbritz

Pimp your Corporate Identity

Bewegtbildkommunikation im Internet
für den besseren Auftritt

Diplomica Verlag GmbH

Däbritz, Manuel: Pimp your Corporate Identity: Bewegtbildkommunikation im Internet für den besseren Auftritt. Hamburg, Diplomica Verlag GmbH 2013

Buch-ISBN: 978-3-8428-9287-3
PDF-eBook-ISBN: 978-3-8428-4287-8
Druck/Herstellung: Diplomica® Verlag GmbH, Hamburg, 2013

Bibliografische Information der Deutschen Nationalbibliothek:
Die Deutsche Nationalbibliothek verzeichnet diese Publikation in der Deutschen Nationalbibliografie; detaillierte bibliografische Daten sind im Internet über http://dnb.d-nb.de abrufbar.

Das Werk einschließlich aller seiner Teile ist urheberrechtlich geschützt. Jede Verwertung außerhalb der Grenzen des Urheberrechtsgesetzes ist ohne Zustimmung des Verlages unzulässig und strafbar. Dies gilt insbesondere für Vervielfältigungen, Übersetzungen, Mikroverfilmungen und die Einspeicherung und Bearbeitung in elektronischen Systemen.

Die Wiedergabe von Gebrauchsnamen, Handelsnamen, Warenbezeichnungen usw. in diesem Werk berechtigt auch ohne besondere Kennzeichnung nicht zu der Annahme, dass solche Namen im Sinne der Warenzeichen- und Markenschutz-Gesetzgebung als frei zu betrachten wären und daher von jedermann benutzt werden dürften.

Die Informationen in diesem Werk wurden mit Sorgfalt erarbeitet. Dennoch können Fehler nicht vollständig ausgeschlossen werden und die Diplomica Verlag GmbH, die Autoren oder Übersetzer übernehmen keine juristische Verantwortung oder irgendeine Haftung für evtl. verbliebene fehlerhafte Angaben und deren Folgen.

Alle Rechte vorbehalten

© Diplomica Verlag GmbH
Hermannstal 119k, 22119 Hamburg
http://www.diplomica-verlag.de, Hamburg 2013
Printed in Germany

// Abstract

Bewegtbildkommunikation ist die zeitgerechte Ergänzung zur Bildkommunikation und damit ein Muss für die Corporate Identity und das kommunikative Auftreten von Unternehmen. In Verbindung mit der Lehre des Storytellings und Erlebnismarketings bietet sie zahlreiche Möglichkeiten zur Stärkung der Marke sowie zur Information und Unterhaltung der Anspruchsgruppen. Bilder wirken meist indirekt und emotional. Zudem lösen sie schneller kognitive Prozesse aus. Dadurch können Informationen durch Bilder schneller aufgenommen werden. Da bei der Bewegtbildkommunikation außerdem visuelle Signale mit akustischen Signalen kombiniert werden können, wird durch die weitere Aktivierung eines Sinnesorganes die Kommunikation intensiver. Als Praxisbeispiel dieser Studie dient die Deutsche Beispielbank AG (nachfolgend Beispielbank). Diese verfügt über ein gesundes Wachstum, das unter anderem auf ein hohes Maß an Produkt- und Servicequalität zurückzuführen ist. Um dieses Maß beibehalten zu können, wird im Rahmen dieser Studie ein Bild- und Bewegtbildkonzept vorgestellt, das nach den Vorgaben des Corporate Identity Managements entwickelt wurde. Damit werden gleichzeitig Motive der Kategorien Balance und Dominanz des limbischen Systems angesprochen.

Ein entscheidendes Ergebnis dieser Studie für die Bank ist, dass Bilder und auch bewegte Bilder Orientierung, Sicherheit und vor allem auch Vertrauen schaffen können. Dementsprechend wurden im Rahmen dieser Studie zusätzlich Kreationsideen entwickelt, die die Internetkommunikation und den Auftritt der Marke BEISPIELBANK verbessern sollen. Die Kreationsideen wurden so ausgerichtet, dass zusätzlich mehr Emotionalität und Unterhaltung geboten wird, jedoch trotzdem das konsequente Auftreten der Bank bewahrt wird. Die entworfenen Geschichten sind entsprechend des Storytelling-Konzepts ausgerichtet, um somit möglichst viele Sinne anzusprechen, leicht verständlich und interaktiv adaptierbar zu sein.

// Vorwort

Bei der Erarbeitung dieser Studie bestand zu jedem Zeitpunkt ein universitär wissenschaftlicher Anspruch. Darüber hinaus wurde ein zielorientiertes und nach kapitalwirtschaftlichen Interessen ausgerichtetes Handeln vorausgesetzt.

Im Grundlagen- und Analyseteil dieser Studie werden das Erlebnismarketing, das Corporate Identity Management, das Storytelling, das Internet sowie Social Web, die Bankenbranche und die Bewegtbildkommunikation betrachtet. Da hierbei Fachtermini verwendet werden, dient an dieser Stelle das angefügte Glossar zur Vereinfachung. Zudem werden in dieser Studie gängige Abkürzungen, wie „z.B." (zum Bespiel) und „bzw." (beziehungsweise) verwendet. Sonstige spezifische Abkürzungen werden ausgeschrieben oder als solche kenntlich gemacht. Zur besseren Lesbarkeit wird größtenteils auf die gleichzeitige Verwendung männlicher und weiblicher Sprachformen verzichtet.

// Gliederung

1 Einleitung 11

2 Zielsetzung 13

3 Forschungsdesign 14

4 **Theoretische Grundlagen** 16
   4.1 *Erlebnismarketing* 16
   4.2 *Corporate Identity* 17
      4.2.1 Corporate Identity Management (CIM) 17
      4.2.2 Ziele des Corporate Identity Managements 18
      4.2.3 Bestandteile des Corporate Identity Managements 19
         4.2.3.1 Kultur 19
         4.2.3.2 Leitbild 19
         4.2.3.3 Instrumente 20
         4.2.3.4 Image 20
      4.2.4 Implementierung der Corporate Identity 20
   4.3 *Bewegtbildkommunikation* 22
      4.3.1 Unternehmensfilm im Internet und Social Web 23
      4.3.2 Unternehmensfilm im Intranet 27
      4.3.3 Gütekriterien für Bewegtbildkommunikation im Internet und Intranet 27
         4.3.3.1 Inhalt 28
         4.3.3.2 Abstimmung auf das Zielpublikum 29
         4.3.3.3 Abstimmung auf die Rezeptionsphase 29
         4.3.3.4 Idee 29
         4.3.3.5 Dramaturgie 30
         4.3.3.6 Produktion und Postproduktion 30
         4.3.3.7 Ästhetik 32
      4.3.4 Bewegtbildkommunikation als Instrument der Corporate Identity 32
         4.3.4.1 Emotionale und erlebnisreiche Ansprache 34
         4.3.4.2 Audiovisuelles Branding 35
         4.3.4.3 Logoanimation 36
         4.3.4.4 Bildwelten 36
   4.4 *Storytelling* 37
      4.4.1 Wirkmechanismen des Storytelling 37
      4.4.2 Gütekriterien für gutes Storytelling 38
      4.4.3 Kernelemente von Geschichten 39
      4.4.4 Vorgehen 40
      4.4.5 Storytelling im Internet 40

5	**Analyse der BEISPIELBANK (Praxisbeispiel)**	42
5.1	*Unternehmensanalyse und –strategie*	42
5.2	*Kommunikationsstrategie*	43
5.3	*Positionierung und Marketing*	43
5.4	*Internetkommunikation*	44
5.4.1	Analyse der Homepage	44
5.4.2	Analyse der Landingsites	45
5.4.3	Analyse der Bannerwerbung	45
5.4.4	Analyse der Internetseiten der Vermittler und Affiliates	45
5.4.5	Analyse der Social Media Plattformen	45
5.4.6	Analyse der Bewegtbildkommunikation im Internet	46
5.4.7	Zusammenfassung der Analyse der Internetkommunikation	46
5.5	*Kundenanalyse*	46
5.6	*Corporate Branding Analyse*	47
5.7	*Konkurrenzanalyse*	48
5.7.1	ING Diba	48
5.7.2	Deutsche Bank	51
5.7.3	GLS Bank	53
5.7.4	Berliner Sparkasse	55
5.7.5	Wells Fargo	57
6	**Zusammenfassung und -führung des Grundlagen- und Analyseteils**	61
7	**Entscheidung**	63
8	**Ergebnis**	68
8.1	*Corporate Design Bild*	68
8.2	*Corporate Design Motion*	69
8.3	*Kreationsansätze*	71
8.3.1	Themenkanäle auf YouTube	71
8.3.2	Videos zur Erklärung wichtiger Produkte	72
8.3.3	Hausbank-Video zur Erklärung der Produkt- und Servicevielfalt	74
8.3.4	Video zur Erklärung des Internet-Bankings	75
8.3.5	Videos zum Rund-um-Service-Bedürfnis	76
8.3.6	Kosten- und Zeitplan	77
8.3.7	Ideen für die Zukunft	79
9	**Controlling-Ansätze**	81
10	**Fazit und Ausblick**	83
11	**Glossar**	85
12	**Abbildungsverzeichnis**	90
13	**Literatur- und Quellenverzeichnis**	91
	// Anhang	97
	Fragebogen	97

1 Einleitung

Um sich dem Thema zu nähern und einen ersten Zusammenhang zwischen Corporate Identity, Bewegtbild und Storytelling zu schaffen, wird zu Beginn dieser Studie die gesellschaftliche Entwicklung skizziert und somit auf die aktuellen Bedürfnisse der Konsumenten eingegangen.

Der ständige Fortschritt bzw. Wandel führt zu einer Komplexitätssteigerung in der Gesellschaft und Wirtschaft. Diese von dem Philosophen Jürgen Habermas als neue Unübersichtlichkeit[1] bezeichneten gesellschaftlichen Zustände wirken sich auch auf die Wahrnehmung von Unternehmen und Marken aus. Ein Grund dafür ist, dass sich Individuen aus traditionellen Bedingungen lösen und sich dabei einer Entzauberung bewusst werden, wenn sie den dabei automatisch entstehenden Verlust an Sicherheiten und Orientierung erleben. Dies führt zu einem ständigen Balanceakt zwischen „gesellschaftlichem Muss" und „egologischer Authentizität" innerhalb einer umbruchartigen postmodernen Gesellschaft. Hinzu kommen das Zusammenfallen von Raum und Zeit und die Entstehung von neuen Realitäten durch virtuelle Gemeinschaften, die flexiblere Verhaltensnormen und eine Pluralisierung der Lebensformen ermöglichen. Eine weitere Steigerung der Komplexität entsteht durch das Verneinen von großen Entwürfen, Ideologien, Erzählungen und Glaubensformen. Zusammenfassend hat sich die Welt aus einem Wirklichkeitsgefängnis in einen Möglichkeitsraum verwandelt.[2] Die Menschen in Deutschland befinden sich trotz Wirtschaftskrise inmitten einer Konsum- und Erlebnisgesellschaft und sind daher ständig auf der Suche nach etwas Besserem, Schönerem, Aufregenderem, Billigerem und Extravaganterem. In ihrem Lebens- und Kaufverhaltensprinzip wollen sie sich nicht festlegen und für Möglichkeiten offen halten.[3] Gerade deswegen wollen die Konsumenten Produkte und Dienstleistungen, die Träume, Geschichten, Erlebnisse und Erfahrungen liefern. Hierfür kreieren Marketingexperten und Beratungsunternehmen diverse Möglichkeiten, um den Anforderungen der Konsumenten gerecht zu werden.

Auch diese Studie versucht für die modernen Konsumenten bzw. Prosumenten Lösungen zu finden, die ihn erreichen und begeistern. Dafür werden das Kommunikations-

---

[1] Vgl. Stephan, P. F. (2000), S. 223
[2] Vgl. Wöhler, K. (2008), S. 6f.
[3] Vgl. Wöhler, K. (2008), S. 8f.

instrument Storytelling, das Corporate Identity Management Tool und die Lehren des Erlebnismarketings als Grundlagen betrachtet, um zusammen mit der Analyse der aktuellen Trends der Bewegtbildkommunikation Chancen und Grenzen der internen und externen Bewegtbildkommunikation im Internet aufzustellen. Dabei soll die Bewegtbildkommunikation den Konsumenten eine intensivere Form der Information durch die Bereitstellung von audiovisuellen Inhalten ermöglichen.

2 Zielsetzung

Im Rahmen dieser Studie sollen Chancen und Grenzen der Bewegtbildkommunikation im Internet für die Corporate Identity von Unternehmen aufgestellt werden. Um den Impact der Bewegtbildkommunikation zu erhöhen werden dabei zusätzlich Strategien und Erkenntnisse des Storytellings und Erlebnismarketings betrachtet. Als Praxisbeispiel werden die gewonnen Erkenntnisse auf die Corporate Identity der BEISPIELBANK angewendet. Im Beispiel soll anhand eines konzeptuellen Entwurfes gezeigt werden, wie die Bank mit ihren differenzierten Angeboten und einer eigenständigen Corporate Identity Information, Orientierung und Vertrauen schaffen kann. Hierzu wird das inhaltliche Profil, die Positionierung, und das Auftreten anhand der Internetkommunikation analysiert. Im Ergebnis sollen Nutzungsmöglichkeiten von Bewegtbild im Internet für die BEISPIELBANK aufgestellt und an die bestehende beziehungsweise neu zu entwickelnde Corporate Identity angepasst werden. Die Studie begrenzt sich auf die Kommunikation im Internet mittels bewegter Bilder und kann daher nicht den Anspruch erheben eine ganzheitliche Corporate Identity Strategie zu entwickeln.

Auf Grundlage dieser Festlegungen kann folgende Forschungsfrage aufgestellt werden: **Wie können die neuen Möglichkeiten der Bewegtbildkommunikation im Internet zusammen mit den Erkenntnissen der Storytelling- und Erlebnismarketingforschung das Corporate Identity Management nachhaltig und unterhaltsam beeinflussen?**

Aus dieser Fragestellung ergeben sich weitere Fragestellungen. Diese sind: Welche Möglichkeiten, also auch Chancen und Grenzen bietet die Bewegtbildkommunikation heute. Welchen Einfluss hat dabei die Entwicklung des Internets und Social Webs? Was macht gutes Storytelling und Erlebnismarketing aus? Auf welchen Grundlagen agieren diese Anwendungen? Was ist das Corporate Identity Management? Wie kann man es nachhaltig managen? Was macht Bewegtbildkommunikation unterhaltsam?

In welcher Reihenfolge und nach welchen Prinzipien diese Fragestellungen beantwortet werden, wird im nun folgenden Forschungsdesign dargestellt.

3   Forschungsdesign

Die Studie gliedert sich grob in einen Analyse-, Entscheidungs- und Ergebnisteil. Der eigentlichen Analyse geht ein bedeutsamer Grundlagenteil voraus. Die Interessenschwerpunkte des Grundlagenteils sind:

- Wie funktioniert Erlebnismarketing als neue Form der Involvementgenerierung?
- Was ist das Corporate Identity Management Tool und wie lässt es sich anwenden? Was sind aktuelle Entwicklungen des Tools?
- Was sind Trends, Chancen und Risiken der Bewegtbildkommunikation im Internet? Wie sind neue Trends im Internet? Was macht guten Film aus?
- Was sind Einsatzmöglichkeiten und Elemente des Storytellings? Was macht gutes Storytelling aus?

Der drauffolgende Analyseteil mit diese Erkenntnisse auf und betrachtet zusätzlich:

- Was ist die BEISPIELBANK und was macht sie besonders?
- Wie ist die Unternehmens- & Kommunikationsstrategie der BEISPIELBANK?
- Was sind Ziele und wie ist die Gestaltung der Internetkommunikation der BEISPIELBANK? Wo gibt es Potentiale? Was funktioniert und was nicht?
- Was sind Interessen und wie ist die Zusammenstellung der Kunden der BEISPIELBANK? Wie werden diese bisher angesprochen?
- Gibt es ein Corporate Branding bei der BEISPIELBANK und wie sieht dieses aus? Was ist die Vision, Mission der BEISPIELBANK? Wie ist das Image? Wie ist das Verhältnis zwischen diesen drei Variablen?
- Wie ist die Bewegtbildkommunikation der BEISPIELBANK gestaltet? Wie macht es die Konkurrenz? Wo kann die BEISPIELBANK etwas von der Konkurrenz lernen?

Die Informationen werden dabei in Form einer Sekundäranalyse mithilfe von Fachliteratur, Internetquellen, Präsentationen, Studien und bankinternen Aussagen zusammengetragen. Zusätzlich wird aus diesen Erkenntnissen ein Fragebogen für das Management der BEISPIELBANK entwickelt. Dieser soll letzte Fragen für den Entscheidungs- und Kreationsteil klären und dem Management helfen Entscheidungen zu treffen.

Im Anschluss an die Analyse werden dann in der Entscheidungsphase explizite Strategien und Möglichkeiten für die BEISPIELBANK überprüft. Dies erfolgt mit einer SWOT-Analyse, bei der die Stärken und Schwächen der BEISPIELBANK mit den Chancen und Risiken der Bewegtbildkommunikation und des Storytellings verglichen werden. Die getroffenen Empfehlungen werden daraufhin im Ergebnisteil der Studie vorgestellt. Dabei reicht das Spektrum dieser Empfehlungen von dem vollständigen Abraten der Nutzung über die Empfehlung der Nutzung einzelner Anwendungen bis zu der Ausarbeitung einzelner Bewegtbildkonzepte.

Die folgende Grafik dient zur Verdeutlichung des Forschungsdesigns.

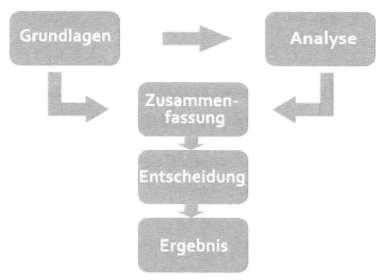

Abbildung 1 // Grafik zur Darstellung des Forschungsdesigns[4]

---

[4] *Eigene Darstellung*

4 Theoretische Grundlagen

Mit den folgenden Grundlagen wird die Analysephase eingeleitet und der entscheidende Umgang mit dem Corporate Identity Management festgelegt und erläutert.

4.1 Erlebnismarketing

Erlebnisse sind besonders wirkungsstark sowie nachhaltig und daher sehr interessant für das Marketing. Als Erlebnisse kann man „mehr oder weniger komplexe, personengebundene Emotionsbündel" bezeichnen.[5] Da auch Vorstellungen, die durch Bilder, Texte, Symbole und Produkte angeregt werden, zu Erlebnissen zählen, sind Werbespots und andere Bewegtbilder Erlebnisse, wenn Sie geistige bzw. emotionale Anregung hervorrufen. Auch bei Erlebnissen unterscheidet man Motive, die sich aus verschiedenen Grundemotionen zusammensetzen. So besteht zum Beispiel das Erlebnis Abenteuer aus den Emotionen Freude, Neugier und Angst. Das genaue Mischungsverhältnis ist dabei entscheidend.[6]

Für eine Differenzierung innerhalb des Erlebnismarketings stehen die vier Erlebnissphären Unterhaltung, Bildung, Ästhetik und Realitätsflucht, die in der folgenden Übersicht dargestellt sind.

Abbildung 2 // 4 Erlebnissphären[7]

---

[5] Vgl. Neumann, D. (2008), S. 15
[6] Vgl. Neumann, D. (2008), S. 15f.
[7] Vgl. Neumann, D. (2008), S. 55

Unterhaltung wird auditiv und visuell aufgenommen und dient dem Vergnügen der Person. Durch Unterhaltung wird soziales und individuelles Erleben verbunden. Hierbei werden jedoch nicht alle Sinne angesprochen und deswegen ist die Nachhaltigkeit des Erlebnisses nicht besonders hoch. Bei der Bildung werden durch Geist und Körper über alle Sinne Informationen aufgenommen. Die Verbindung der Sphären Unterhaltung und Bildung bezeichnet man als Edutainment. Beim Flow der Erlebnissphäre Realitätsflucht taucht die betreffende Person in das Erlebnis ein. Sie empfindet dabei hohe Konzentration, intensives Eingebundensein, eindeutige Ziele, Selbstbezogenheit und den Verlust des Zeitgefühls. Bei der Ästhetik ist das ähnlich. Hierbei wird das Erleben der Person passiv durch emotionale Stimulation bespielt.[8] Diese Erkenntnisse helfen im Rahmen dieser Studie bei der Entscheidung für oder gegen ein Bewegtbildinstrument hinsichtlich seines Involvements und der Einfachheit der Rezeption.

Durch diese Betrachtung des Erlebnismarketings wird deutlich, wie Involvement durch Erlebnisse generiert werden können und welcher Aufwand welche Auswirkung hat. Diese Grundlagen helfen bei der Ausrichtung der Bewegtbildkommunikation im Internet.

4.2 Corporate Identity

Corporate Identity ist das Selbstverständnis eines Unternehmens über seine Unternehmenspersönlichkeit und steht für die Fragen: Wer sind wir? Wer wollen wir sein? Wie werden wir gesehen? Wie wollen wir gesehen werden?[9] Man versteht sie auch als Unternehmenspersönlichkeit mit eigenständigem Verhalten, Sprache und Aussehen, wobei diese mit der menschlichen Persönlichkeit verglichenen Attribute in Bezug auf das Unternehmen als Unternehmensverhalten, -kommunikation und -design bezeichnet werden und als strategisch geplante Unternehmensäußerung verstanden werden.[10]

4.2.1 Corporate Identity Management (CIM)

Das Corporate Identity Management ist ein viel behandeltes und oft definiertes strategisches und operatives Managementtool zur Führung eines Unternehmens und Optimierung seiner Außenwahrnehmung. Es dient dementsprechend der systematischen und

---

[8] *Vgl. Neumann, D. (2008), S. 55f.*
[9] *Vgl. Herbst, D. (2009), S. 20*
[10] *Vgl. Beyrow, M. (2007), S. 8*

langfristigen Gestaltung des gemeinsamen Selbstverständnisses eines Unternehmens über seine Unternehmenspersönlichkeit.[11]

4.2.2 Ziele des Corporate Identity Managements

Produkte und Dienstleistungen unterscheiden sich optisch kaum noch und die gesellschaftlichen Werte verschieben sich von sachlich-rationalen Werten hin zu emotionalen Werten. Die Menschen wollen dementsprechend immer weniger Disziplin, Gehorsam und Selbstbeherrschung, wünschen sich aber Genuss, Gesundheits- und Umweltbewusstsein, Selbstentfaltung, Kreativität und Spontaneität, Individualität und vor allem Erlebnisse.[12] Gerade bei Unternehmenszusammenschlüssen stehen Unternehmen und deren Mitarbeiter oft vor Identitätsfragen und es fehlt an Koordination, Wir-Gefühl und Akzeptanz.[13] **Aufgrund dieser Entwicklungen und weil das menschliche Individuum grundsätzlich nach Orientierung und Kontext sucht, braucht es ein System und Maßnahmen, um damit umzugehen. Dafür ist das Corporate Identity Management sehr gut geeignet.**

Ziel des Corporate Identity Managements ist es, eine hohe Übereinstimmung zwischen der Außenwahrnehmung und der Unternehmenspersönlichkeit herzustellen. Im Idealfall sollte die Persönlichkeit des Unternehmens die gleichen Werte wie seine Bezugsgruppen haben und somit das Identifizieren sowie Profilieren mit dem Unternehmen und das Differenzieren von anderen Unternehmen ermöglichen. Eine authentische Persönlichkeit zu entwickeln, ist ähnlich komplex wie bei menschlichen Persönlichkeiten. Es reicht nämlich nicht nur zu sagen, dass das Unternehmen innovativ, seriös, dynamisch und kompetent ist, es müssen wahre Werte und Haltungen implementiert und kommuniziert werden. Mögliche Merkmale der Unternehmenspersönlichkeit können zum Beispiel hohe technische Qualität, das visuelle Erscheinungsbild, die kulturelle / geografische Verankerung, die Geschichte des Unternehmens, die Marktführerschaft und der Vertriebsweg sein.[14] Zusätzlich müssen bei einem ganzheitlichen CI-Konzept diese Vorgaben auch ansprechend visuell umgesetzt werden, um ein Corporate Image zu erstellen.[15]

---

[11] *Vgl. Herbst, D. (2009), S. 19*
[12] *Vgl. Herbst, D. (2009), S.16f.*
[13] *Vgl. Herbst, D. (2009), S. 12*
[14] *Vgl. Herbst, D. (2009), S. 30*
[15] *Vgl. Beyrow, M. (2007), S. 10*

Dem Image[16] liegt also ein langfristiger Prozess und nicht lediglich ein Relaunch oder eine Kampagne zugrunde.

Das Management-Instrument CIM wird auf Unternehmensstrategie, Mitarbeiterausrichtung und Aktivitäten wie Sponsoring, Stiftungen und Corporate Citizenship angewendet. **Im Ergebnis schafft eine bekannte Unternehmenspersönlichkeit Vertrauen und dieses Vertrauen spart Geld**, da Kosten zur Orientierung und Vertrauensbildung eingespart werden können.[17]

4.2.3 Bestandteile des Corporate Identity Managements

Entscheidend für die Corporate Identity sind Unternehmenskultur, -leitbild, -image und die Instrumente.

4.2.3.1 Kultur

Die Kultur eines Unternehmens macht dies einzigartig, denn sie wird von den dort arbeitenden Menschen mit ihren unterschiedlichen Erfahrungen und Persönlichkeiten bestimmt. Dies zahlt dann natürlich auch auf die Gestaltung der Unternehmenspersönlichkeit ein. Dabei ist es wichtig, dass die Unternehmenspersönlichkeit mit den Werten der Mitarbeiter zusammenpasst, um somit Attraktivität und Vertrauen zu schaffen. Eine Kultur zu haben ist wichtig, da sie verlässlich macht. Mit einer Kultur können die Bezugsgruppen auf zukünftiges Verhalten des Unternehmens schließen.[18] Für eine einfache Einordnung der Unternehmenskultur kann man ein Unternehmen nach seiner Bereitschaft zur Beständigkeit bzw. zum Wandel und nach der persönlichen Nähe bzw. Distanz der Mitarbeiter klassifizieren.[19]

4.2.3.2 Leitbild

Hierbei geht es um die Entwicklung der Persönlichkeit, also darum, wie sich die Führungsebene und Verantwortlichen die Vision und Mission entsprechend der Philosophie vorstellen. Gegenüber der Kultur, also dem IST-Bild, stellt das Leitbild das SOLL-Bild dar. Es unterscheidet sich in Leitidee, also die Idee des Unternehmens, die Leitsätze, die

---

[16] *Das Image eines Unternehmens kann als Summe subjektiver medialer und praktischer Erfahrungen beschrieben werden. (Vgl. Koch, C. (2007), S. 45)*
[17] *Vgl. Herbst, D. (2009), S. 36*
[18] *Vgl. Herbst, D. (2009), S. 47*
[19] *Vgl. Herbst, D. (2009), S. 50f.*

konkretes Handeln bestimmen, und in das formulierte Motto oder auch Slogan genannt, welcher das Ganze auf den Punkt bringt.[20]

4.2.3.3 Instrumente

Die entscheidenden Instrumente des Corporate Identity Management sind Corporate Design, Corporate Behaviour und Corporate Communications. Dabei gibt das Design der Unternehmenspersönlichkeit seine Gestalt und prägt Gestaltungskonstanten wie Logo, Farben, Schrift, Bildvorgaben und weitere Gestaltungsrichtlinien und bietet damit vielfältige Differenzierungs- und Identifikationspotentiale.[21] Das Design ist Form, jedoch nicht Inhalt.[22] Corporate Communications kommuniziert das Selbstverständnis mittels Werbung, Sponsoring, Public Relations und Marketing. Bei Corporate Behaviour werden aus den kommunizierten Versprechungen und Vorgaben Taten. Dabei ist es wichtig, dass die Mitarbeiter sich stimmig verhalten, denn ein Unternehmen wird schon lange nicht mehr daran gemessen, was es sagt, sondern vor allem, wie es handelt.[23]

4.2.3.4 Image

Als Images werden Vorstellungsbilder verstanden, die ein Individuum bzw. eine Gruppe von einem Meinungsgegenstand hat. Sie geben den Individuen Orientierung und ersetzen Wissen. **Damit reduzieren sie Komplexität und sind daher sehr wichtig.** Zudem steuern sie das Verhalten. Meist sind Images komplexe und nicht starre Gebilde, die schnell entstehen, sich aber nur langsam festigen. Das Corporate Image wird in anderen Quellen auch als Teil des Corporate Designs gesehen. **Es ist besonders wichtig für die Beurteilung eines Unternehmens, da das Sehen für 70% der menschlichen Wahrnehmung verantwortlich ist.**[24] Im besten Fall stärken sich die Images von Unternehmen und den dazugehörigen Marken gegenseitig.[25]

4.2.4 Implementierung der Corporate Identity

Um die Wahrnehmung eines Unternehmens gezielt zu steuern, muss man die Unternehmenssituation und die Bedeutung der unterschiedlichen Zielgruppen für das Unternehmen verstehen und bewerten. Danach müssen kommunikativ relevante Themen und Handlungsfelder über geeignete Medien zielgruppenspezifisch visualisiert und verbali-

---

[20] Vgl. Herbst, D. (2009), S. 52ff.
[21] Vgl. Simon, D. (2009), S. 31
[22] Vgl. Herbst, D. (2009), S. 59f.
[23] Vgl. Herbst, D (2009), S. 65ff.
[24] Vgl. Simon, D. (2009), S. 32
[25] Vgl. Herbst, D. (2004), S. 12

siert werden. Das Corporate Identity Management unterscheidet hierfür die vier Schritte erkennen, bestimmen, vermitteln und kontrollieren.[26]

Fragen der Analyse sind: Wer ist das Unternehmen? Wo und für wen macht es auf welche Weise was? Es geht also um die Struktur und das Angebot. Verwertbar werden diese Aussagen jedoch erst, wenn man sie mit dem relevanten Umfeld, also den Wettbewerbern, vergleicht und Unterschiede herausstellt.[27] Das Spannungsverhältnis zwischen Selbst- und Fremdbild sollte in diese Analyse auch eingeschlossen werden und Fragen zur Sichtweise von anderen über das Unternehmen und zur eigenen Sichtweise und das Selbstverständnis beantworten.

Die Anwendung des Corporate Identity Managements macht nur Sinn, wenn das Unternehmen glaubwürdig und wahrhaftig kommuniziert, da die medial gut vernetzte Öffentlichkeit vieles überprüfen und entlarven kann. **Um glaubwürdig zu kommunizieren, benötigt ein Unternehmen eine eigenständige authentische Haltung, die Sie durch das Netz an Unternehmenshandlungen erhalten und festlegen kann.**

> „The essence of most good strategies is the need to make many choices that are all consistent – choices about production, service, design, and so on. Companies cannot randomly make a lot of choices that all turn out to be consistent. It's statistically impossible. That means companies need to grasp at least a part of the whole. As we study the histories of successful companies, we see that someone or some groups developed insight into how a number of choices fit together, and that was the ignition point for the strategy. There's a bit of emergent strategy in every company.
>
> But unless at some point the company can see the design, see how the pieces fit, and make the interdependent choices consistent, the company is not going to be successful ... Strategy thinking says **„Differentiate yourself. Make yourself unique. Come up with your own distinctive positioning in the market place".**[28]

Zur Verbalisierung und Visualität müssen wiederkehrende visuelle und sprachliche Muster entwickelt werden, die die Unterscheidbarkeit des Absenders im Wettbewerb

---

[26] Vgl. Herbst, D. (2009), S. 19
[27] Vgl. Beyrow, M. (2007), S. 14
[28] Porter, M (2002), S. 45f.

gewährleistet.[29] Für eine Kommunikation entsprechend der Corporate Identity ist es wichtig, Konsequenz zu zeigen. Um dies für die Zukunft zu ermöglichen, muss man die Herkunft und die einzigartigen Bestandteile einer Marke analysieren. Zudem kann man so herausfinden, wie die Marke mit unserem Leben verbunden ist und wie sie Ereignissen Bedeutung gibt.[30]

4.3 Bewegtbildkommunikation

Bewegung ist ein Grundprinzip von fortschrittlichen Unternehmen. Gerade deswegen ist dieses stilistische Mittel besonders gut für die Unternehmenskommunikation und durch die Schaffung von Orientierung und Unterhaltung für die Corporate Identity geeignet. Daher wird der Einsatz von bewegten Bildern im Folgenden genauer betrachtet.

Bewegtbild ist ein Überbegriff für alle Formen von in einer Abfolge zusammengefügten Bildern, Szenen, Handlungsabläufen oder Ähnlichem. Diese meist in einem Zusammenhang stehenden Bilder können digital oder analog aufgezeichnet und/oder wiedergegeben werden. Damit schließt der Begriff Bewegtbild die Begriffe Film, Video, Clip und Spot ein, grenzt sich aber zugleich auch von diesem ab. Bewegtbild-Elemente finden ihren Einsatz in Werbefilmen, Filmen, Bildschirmschonern, Präsentationen, Fahrgastfernsehen, Video-Plakaten, Apps, PC-Spielen, Spielekonsolen und vielem mehr. Gründe für den Einsatz von Bewegtbild gibt es viele. Hier eine Liste, um einige davon zu nennen:

- Filme und bewegte Bilder sind der ideale Einstieg für mehr
- bieten klare Information in kurzer Zeit und ermöglichen leichtes Verstehen
- präsentieren und repräsentieren zugleich
- machen Stimmung und sind unterhaltsam
- ermöglichen effiziente Kommunikation mit der Zielgruppe und machen bekannt
- überzeugen, rütteln auf und senden starke Reize
- sind leicht zu übermitteln und sind zeitgemäß
- schaffen Vertrauen und funktionieren auch in der Krise.[31]

Diese Studie konzentriert sich auf die Bewegtbildkommunikation im Internet. Mögliche Einsatzmöglichkeiten der Bewegtbildkommunikation im Internet sind Guerilla-Videos,

---

[29] Vgl. Beyrow, M. (2007), S. 18
[30] Vgl. Beyrow, M. (2007), S. 38
[31] Vgl. Lanzenberger, W. & Müller, M. (2010), S. 29ff.

Corporate-Videos, Produkt-Videos, Support-Videos, Imagefilm, Imagetrailer, Moodschleife, Corporate Web TV, Werbespots, In-Page Ads, In-Stream Ads, Filme für Social-Media-Anwendungen, interaktive Filme, Schulungsfilme, Recruiting-Videos, Filme zur Vertriebsunterstützung und Motivationsfilme.

Die meisten dieser filmischen Darstellungsformen können zum Begriff des Unternehmensfilms zusammengefasst werden. Business Movies oder auch Wirtschafts- bzw. Unternehmensfilme sind die modernen Visitenkarten von Unternehmen, die vor allem durch die Verbreitung des Internets immer mehr über dieses Medium angeboten und genutzt werden. Sie vertreten Eigenschaften, Werte, Ästhetiken und Kompetenzen des Unternehmens und können damit einen entscheidenden Beitrag zur Corporate Identity beitragen.[32] Weitere Merkmale des Unternehmensfilms sind, dass ein Unternehmen der Auftraggeber der Produktion ist und dass unternehmensspezifische Themen behandelt werden. Zudem legt das Unternehmen die Absicht, die Zielgruppe und den Einsatz des Videos innerhalb einer Kommunikationsstrategie fest.[33]

Mit Unternehmensfilmen möchten die Auftraggeber positiv beeinflussen, das Image transportieren, dem Unternehmen ein Gesicht geben, Vertrauen schaffen, Emotionen vermitteln, unterhalten und informieren. Die Ansprüche der Unternehmen und Filmemacher werden dabei immer höher, Inhalt und Ästhetik werden immer wichtiger, da sie und die Rezipienten der Filme durch ihr trainiertes Rezeptionsverhalten immer höhere Erwartungshaltungen haben. Auf einem Markt, in dem es immer einfacher und kostengünstiger wird, Filme zu drehen und zu veröffentlichen, kann man nur **durch Qualität brillieren** und durch wirkliches Verständnis der Anspruchsgruppe.

4.3.1 Unternehmensfilm im Internet und Social Web

Das Internet hat sich zum Bewegtbildmedium entwickelt und somit werden Unternehmensfilme immer mehr zum Standard. **2010 haben alle Top 10 der Online-Medien Bewegtbild auf ihrer Internetseite, bei den Top 100 sind es immerhin 59%.**[34]

Das Internet und besonders das Social Web revolutioniert nach der Digitalisierung des Films die Sparte Unternehmensfilm erneut. Immer öfter tauchen Filme von zum Beispiel Auszubildenden oder sehr loyalen Kunden auf, die ihr Unternehmen oder ihre Lieblings-

---
[32] Vgl. Lanzenberger, W. & Müller, M. (2010), S. 11
[33] Vgl. Lanzenberger, W. & Müller, M. (2010), S. 19
[34] Vgl. Beisswenger, A. (2010), S. 29

marke in einer interessanten und meist humorvollen Art und Weise vorstellen. Inzwischen kann jeder Internetbenutzer nicht nur Empfänger, sondern auch Sender sein und dies gibt dem Unternehmensfilm eine neue Ebene. Für den Betrachter wird es immer schwieriger zu unterschieden, ob es sich bei dem filmischen Produkt um eine Kommunikationsmaßnahme des Unternehmens oder um einen externen Produzenten handelt, da heutzutage mit immer weniger monetären und technischen Mitteln sehr gute Internetfilme hergestellt werden können. Zudem werden Unternehmensfilme durch das Internet einfacher, häufiger und mit nur einem Klick und damit schneller rezipiert. **Die Filme müssen sich dementsprechend dem neuen Medium anpassen.**

Nicht zuletzt ist das Internet besonders spannend für den Unternehmensfilm, da man hier durch die diversen Plattformen und Nutzungsmöglichkeiten diverse Inhalte für verschiedene Benutzergruppen und Ansprachen bereitstellen kann. **Als oberste Gestaltungskriterien gelten hierbei Schnelligkeit, Einfachheit und Attraktion.**[35] Inzwischen hat sich auch ein eigener Videomarketingbereich entwickelt. Dies ist eine spezielle Form des Onlinemarketings, mit dem Ziel, Videos im Internet als PR-, Marketing- und Verkaufsbotschaften auf eigenen und fremden Internetseiten zu präsentieren, wobei das Internet der Distributionskanal ist.[36] In diesem Bereich steigt gerade vor allem die Anzahl der In-Stream Ads. Dies sind Werbespots, die Internetvideos vorausgehen und dadurch eine besonders hohe Aufmerksamkeit erhalten.[37] Wichtig ist dabei, die Entwicklung zu verfolgen und nicht zu schnell dem Hype zu folgen.

> *„Im Moment herrscht eine große Erwartungshaltung: Videomarketing soll Umsätze steigern, den Traffic auf der Homepage erhöhen und Kunden zufrieden machen. All das ist möglich, aber mit einer Menge Arbeit verbunden. Nicht jeder wird Videomarketing brauchen und davon profitieren. Aber Videomarketing wird seinen Platz im Marketing-Mix der Unternehmen finden, sobald der Hype abgeklungen ist."*[38]

---

[35] *Vgl. Lanzenberger, W. & Müller, M. (2010), S. 267*
[36] *Vgl. Business Wissen (2012)*
[37] *Vgl. Bewegtbild im Web Konferenz (2011), S. 7*
[38] *Business Wissen (2012)*

In der folgenden Tabelle werden wichtige Einsatzmöglichkeiten aufgelistet. [39]

Homepage	Image- bzw. Vorstellungsfilm auf der Startseite	Themenclips für Produkte oder diversifizierte Unternehmensbereiche	Live Streamings für spezielle Events der internen und externen Kommunikation
Externe Internetseiten	Filme auf einer Videoplattform als einfache und kostengünstige Variante	Web TV, um regelmäßig der Zielgruppe bestimmte Themen zu bieten. Mögliche Einsatzmöglichkeiten: Unternehmensdarstellung, Kurzreportage, Portrait, aktuelle Bericht, Markt- und Branchenbericht, Unternehmens-Talkshow	Videos in Blogs oder sozialen Netzwerken, um Zielgruppen direkt und im besten Fall auch viral anzusprechen
Mobile Internetseiten	Mobile Video für die kurze, informative und unterhaltsame Information unterwegs		

Abbildung 3 // Tabelle: Einsatzmöglichkeiten im Internet[40]

Die Einsatzmöglichkeiten auf der Homepage sollten von jedem modernen Unternehmen in Betracht gezogen werden. Über externe Anbieter bieten sich im Internet weitere Möglichkeiten der Bewegtbildkommunikation. Diese werden im Folgenden auf Ihre Vor- und Nachteile untersucht.

---

[39] Vgl. Lanzenberger, W. & Müller, M. (2010), S. 264f.
[40] Eigene Darstellung

1. Videoplattformen

Vorteile	Nachteile
- Nutzer kann Filme jederzeit ansehen, weitersehen, abbrechen - Kommentare und Bewertungen sind möglich - ähnliche Videos werden vorgeschlagen - Neuerungen und neue Filme können abonniert werden - hier sind die Kunden und die meisten Zielgruppen unterwegs	- Einbettung zwischen diversen Spaß- und Amateurvideos - negative Kommentare und Bewertungen sind möglich

Abbildung 4 // Tabelle: Vor- und Nachteile der Videoplattformen[41]

2. Web-TV[42]

Vorteile	Nachteile
- Wissen kann zielgruppengenau vermittelt werden – so können damit auch die Aus- und Weiterbildung oder der Vertrieb unterstützt, aber auch Mitarbeiter informiert und motiviert werden - Raum und Zeit kann überwunden werden - Aktualität, Periodizität, Mobilität und Interaktivität ist gewährleistet - hohe Auswahl	- schnell entstehen zu viele Inhalte und der Benutzer fühlt sich verloren - die Kosten für die Erstellung von ständig aktuellen Inhalten sind relativ hoch - Daseinsberechtigung nur, wenn ständig neue Inhalte produziert werden - ältere Zielgruppen kann man damit nicht nachhaltig begeistern - offene Kommunikation und Auseinandersetzung mit kritischen Kommentaren sind Voraussetzung

Abbildung 5 // Tabelle: Vor- und Nachteile des Web-TV[43]

---

[41] *Eigene Darstellung*
[42] *Vgl. Lanzenberger, W. & Müller, M. (2010), S. 272f.*
[43] *Eigene Darstellung*

3. Filme in sozialen Netzwerken

Vorteile	Nachteile
• hier sind fast alle Kunden vertreten vom Trendsetter bis zum Konservativen • Aktualität, Periodizität, Mobilität und Interaktivität sind gewährleistet • gute Filme und Trends werden hier schnell empfohlen und weitergeleitet	• Netzwerke können schnell aus der Mode komme, so dass die Nutzer in andere Netzwerke ziehen • offene Kommunikation und Auseinandersetzung mit kritischen Kommentaren sind Voraussetzung • ältere Zielgruppen kann man damit nicht nachhaltig begeistern

Abbildung 6 // Tabelle: Vor- und Nachteile von Filmen in sozialen Netzwerken44

4.3.2 Unternehmensfilm im Intranet

Zusätzlich zu diesen Maßnahmen der externen Kommunikation können bewegte Bilder auch für Kommunikation im Intranet und damit mit internen Anspruchsgruppen genutzt werden. Die Kommunikation mit den Mitarbeitern ist besonders wichtig für Unternehmen, da sie wichtige Multiplikatoren sind. Daher ist es umso wichtiger, dass die Botschaften, Produktinformationen, Unternehmensnachrichten, Hintergrundinformationen und Aufgaben einprägsam und leicht verständlich übermittelt werden. Dies kann Bewegtbild besonders gut leisten und somit unter anderem Prozesse beschleunigen. **Zusätzlich können bewegte Bilder durch Emotionen und bewegende Worte motivieren bzw. eine positive Grundstimmung schaffen und damit eine höhere Leistungsbereitschaft und Zufriedenheit bewirken.** Filmische Bilder dienen auch der Corporate Identity, denn sie können die Identifikation mit dem Unternehmen verbessern. Mögliche Formen von Bewegtbild im Intranet sind Filme für den Launch von Projekten, Filme bei denen Mitarbeiter fragen und das Management antwortet, Making-Of Filme, Wie-funktioniert-eigentlich-Filme, Schulungsfilme, Personen-Vorstellungs-Filme und Veranstaltungsfilme.

4.3.3 Gütekriterien für Bewegtbildkommunikation im Internet und Intranet

Eine allgemeingültige Aufstellung von Gütekriterien der Bewegtbildkommuniktion

---

[44] *Eigene Darstellung*

existiert bisher nicht und ist aufgrund der ständigen Weiterentwicklung schwer zu erstellen. Trotzdem wird in dieser Studie der Anspruch erhoben, Kriterien zu erstellen, die bestimmen, weshalb einige Internetfilme eher gesehen und verbreitet werden als andere. Hierzu wurden vorerst Film- und Internetforum[45][46][47][48] auf die Frage hin durchsucht, was einen guten Film ausmacht. Bei dieser Untersuchung wurden 107 Antworten ausgewertet. Als eindeutiges Ergebnis beziehen sich mit 38% die meisten Antworten auf die Kategorie Handlung/Story und Charaktere. Damit stützt dieses Ergebnis das Konzept dieser Studie, das Storytelling als Kommunikationsinstrument für die Bewegtbildkommunikation zu nutzen. Die weitere Verteilung der Antworten ist in der folgenden Tabelle aufgegliedert.

Kategorie	Anzahl der Antworten
1. Handlung/Story/Charaktere	41
2a. Schauspieler (bekannt, talentiert, authentisch)	12
2b. Musik	
3a. Außergewöhnliches/Fantasie/Unvorhersehbares	8
3b. Humor	
4. Knackige Dialoge/Sprüche	7
5. Emotionale Intensität/ Nachwirkung	6
6. Ausstattung/Drehorte	4
7a. Besondere Ästhetik	3
7b. Kameraarbeit	
8. Effekte	2
9. Happy End	1

Abbildung 7 // Tabelle: Kategorien für einen guten Film[49]

Aus weiteren Quellen konnten sieben allgemeingültige Gütekriterien aufgestellt werden, die im Folgenden kurz erläutert werden.

4.3.3.1 Inhalt

Anspruchsvolle und effektive Bewegtbildkommunikation zeichnet sich inhaltlich durch Bilder und Metaphern aus, die schnell und originell Botschaften vermitteln können. **Es ist besser kurzweilig, als langweilig zu kommunizieren, das heißt den Inhalt nicht zu überfrachten.** Man muss sich also entscheiden aus der Vielzahl an Bildern, Produkten

---

[45] Vgl. Yahoo Forum (2012)
[46] Vgl. Cosmiq Forum (2012)
[47] Vgl. Niveaufilm Forum (2012)
[48] Vgl. Projekt Star Wars Forum (2012)
[49] Eigene Darstellung

und Ansprachemöglichkeiten der unterschiedlichen Stakeholder.[50] Man sollte eine zentrale Botschaft bzw. Kernaussage finden, die am meisten interessiert. **Im Zentrum sollte dabei die Aussage „Wertebotschaften statt Werbebotschaften"[51] stehen.**

4.3.3.2 Abstimmung auf das Zielpublikum

Die Sprache, der Inhalt und der Stil müssen nicht den Machern gefallen, sie müssen für die Rezipienten ansprechend gestaltet werden. Es macht also einen Unterschied, ob ein Großkunde mit entsprechendem Fachwissen oder potentielle Endkonsumenten angesprochen werden sollen.

4.3.3.3 Abstimmung auf die Rezeptionsphase

Auch im Internet gibt es unterschiedliche Rezeptionsphasen. Mögliche Phasen sind zum Beispiel das gemütliche Durchstöbern von diversen Internetseiten, das gezielte Suchen nach Informationen, die Anwendung unterwegs über das Smartphone oder die Anwendung über das Tablet. Intelligente Anwendungen können Rezeptionsphasen über einfaches Trecking analysieren und je nachdem das passende Video auf einer Website einspielen. Je nach Rezeptionsphase sollte man die Länge des Videos abstimmen. **Die Erfahrung hat gezeigt, dass der Betrachter nach etwa 20 Sekunden weiß, wo das Video hingeht. Wenn die Restlaufzeit dann noch eine Minute oder mehr beträgt, wird oft weitergeklickt.** Videos auf der Website eines Unternehmens können länger sein, da der Besucher bereits ein Vorinteresse und damit mehr Geduld hat. Drei Minuten sind hierfür ein guter Richtwert.[52]

4.3.3.4 Idee

Eine gute Idee ist entscheidend für den Film. Einfache Mittel helfen bei der Ideenfindung. Man kann zum Beispiel Bezüge zur Lebenswelt der Zielgruppe oder Aktualität suchen oder Analogien innerhalb des Unternehmens oder zwischen dem Unternehmen und externen Einflussfaktoren finden. Das Erzählen von wahren Geschichten ist noch einfacher, denn hier muss kein kreativer Prozess vorangestellt, sondern lediglich passende Geschichten und Aussagen gefunden und ausgesucht werden. Des Weiteren helfen bei der Ideenfindung folgende Möglichkeiten: die Vorstellung mittels des Was-wäre-wenn-Ansatzes, das Verfilmen von Claims und Slogans, eine Vorher-Nachher-Betrachtung, die

---

[50] *Vgl. Lanzenberger, W. & Müller, M. (2010), S. 26f.*
[51] *Vgl. Opaschowski, H. (2008), S. 128*
[52] *Vgl. Bundesverband digitale Medien (2010), S. 22*

Tagebuch-Form, das Ranking-Prinzip, das Verblüffen mit paradoxen Aussagen, die Presenter-Moderation und der generelle Blick ins Innere des Unternehmens.[53]

4.3.3.5 Dramaturgie

Es ist wichtig, eine Entwicklung innerhalb des Filmes zu zeigen, also was steht am Anfang und was steht am Ende. Was sind die Aussagen? Was soll vermittelt werden? Wo entstehen Spannungen? Was soll mitreißen? Am Anfang können zum Beispiel Ankünfte, dramatische Momente und Prognosen stehen. In der Mitte des Unternehmensfilm sollte die Botschaft ausgebreitet werden und am Ende kann zum Beispiel eine Zusammenfassung, eine Auflösung oder ein Transfer in die Welt der Zielgruppe stehen.[54]

Man unterscheidet narrative und deskriptive Dramaturgien. Für die narrativen Dramaturgien stehen Geschichten, die als angenehm bei der Rezeption empfunden werden und nicht mit Fakten beladen sind. Durch das aktive Miterleben mittels der Spiegelneuronen ist das Erzählen von Geschichten für Unternehmen besonders effektiv. Eine weitere Auseinandersetzung mit diesem Thema findet im Kapitel Storytelling statt. Bei den deskriptiven Dramaturgien werden Fakten, Botschaften und Emotionen ohne eine zusammenhängende Geschichte erzählt. Filmische Formen dafür sind die Reportage, die Nachricht, das Portrait, der aktuelle Bericht oder das Feature. Hier ist natürlich auch besonders wichtig, dass die Darstellungsform und Inhalte den Rezipienten nicht langweilen. **Dies kann durch Klarheit am Anfang, kleinen Versprechen, die während des Films eingelöst werden, Überraschungen und die Vermittlung von guten Gefühlen ermöglicht werden.**[55]

4.3.3.6 Produktion und Postproduktion

Natürlich sind auch die zahlreichen Entscheidungen, die bei der Produktion und Postproduktion getroffen werden, entscheidend für die Güte und den Stil des Films. Da hier jedoch keine generellen Aussagen getroffen werden können, sondern lediglich im individuellen Einzelfall jeweils unterschiedliche Entscheidungen den Unternehmensfilm positiv beeinflussen, werden im folgenden vier beispielhafte Masterpläne für stilistische Untergruppen des Unternehmensfilms vorgestellt.

---

[53] Vgl. Lanzenberger, W. & Müller, M. (2010), S. 44ff.
[54] Vgl. Lanzenberger, W. & Müller, M. (2010), S. 61ff.
[55] Vgl. Lanzenberger, W. & Müller, M. (2010), S. 66f.

- Der sachlich-informative Ansatz: Unternehmensfilme in dieser Form sind klar, unprätentiös und nicht selbstlobend. Fakten stehen hierbei im Vordergrund und machen das ganze sympathisch. Somit ist diese Form besonders bedeutsam für die Wissensvermittlung. Diese Filme müssen gut vorbereitet sein, mit Nachdruck erstellt und über eine starke Bildebene verfügen, um die volle Wirkung zu erzielen. Trotzdem sollte man den Rezipienten bei dieser filmischen Form nicht zu viel zumuten, sondern ihnen eher ein Wahrnehmungs-Wellness ermöglichen. So kann man mit dieser Form zum Beispiel Visionen des Unternehmens visualisieren. Typische stilistische Mittel dieser Form sind Typografie und Sprechertext, um zusätzliche Informationen zu bieten, Animationen zur visuellen Erklärung und geteiltes Bild, um Bezüge zu kommunizieren.[56]

- Der Reportage-Ansatz: Beim Reportage-Ansatz hat Glaubwürdigkeit oberste Priorität. Diese soll vor allem durch Authentizität erzeugt werden, indem man zum Beispiel die Protagonisten in wirklichen Situationen zeigt. Der Film wird durch das gefilterte Wahrnehmen des Reporters gestaltet. Ziel dieses filmischen Ansatzes ist es, Dinge aufzudecken und Realität darzustellen. Zusätzlich benötigt eine gute Unternehmens-Reportage ein Mindestmaß an Dramaturgie, um den Zuschauer zu behalten. Zu einer guten Unternehmensreportage tragen außerdem die Protagonisten und das richtige Thema bei. Typische stilistische Mittel sind ein kostengünstiger „Dirty-Look", außergewöhnliche Drehorte, mehrere Handlungsstränge und Magic Moments. Der Grad der Inszenierung ist von der Handlung abhängig und kann von Szene zu Szene differieren.[57]

- Der Spielfilm-Ansatz: Bei diesem Ansatz zählen Emotionen und Unterhaltung. Wichtige Elemente sind Spannung, komödiantische Handlungsstränge und gute Geschichten, wie zum Beispiel Gründungsmythen. Bei

---

[56] Vgl. Lanzenberger, W. & Müller, M. (2010), S. 217f.
[57] Vgl. Lanzenberger, W. & Müller, M. (2010), S. 225f.

dieser Form können schnell hohe Kosten produziert werden, daher sollte man auf diese achten.[58]

- Der unkonventionelle-kreative Ansatz: Diese Filme funktionieren teilweise allein über die Stilistik und sind meist ein ästhetischer Genuss. Sie rangieren von der Kunst der Stunde bis zur Avantgarde und wollen meist irritieren statt zu informieren. Remixe und Abgucken sind erlaubt, sollten jedoch dazu führen, dass etwas neu Zusammengeführtes mit einem eigenen Code entsteht. Beliebte stilistische Mittel sind schräge Bilder, verzerrte Optiken, verschiedene Geschwindigkeiten und ein besonderer Schnitt. Damit wollen die Regisseure meist mit den Wahrnehmungen des Zuschauers spielen und Atmosphären schaffen.[59]

4.3.3.7 Ästhetik

„Ästhetik (griechisch Wahrnehmung) ist die Wissenschaft, die im weiteren Sinn allgemeine Probleme der Kunst (Kunst-, Literatur-, Musiktheorie), im engeren Sinn Grundkategorien sinnlicher Erfahrung (das Schönste, Erhabene, Hässliche, Tragische, Komische usw.) behandelt."[60] Auch diese Wahrnehmung kann die Güte eines Unternehmensfilmes entscheidend prägen. Als der höchste Maßstab für Bildästhetik wird der sogenannte Filmlook, welcher eine spezifische Bildanmutung ist, angesehen.[61] Auch wenn dieser Look in Zukunft nicht hundertprozentig durch die digitale Technik nachgeahmt werden kann, wird dies nicht den Digitalisierungsprozess aufhalten, da eine neue Referenz-Ästhetik entstehen wird.[62]

4.3.4 Bewegtbildkommunikation als Instrument der Corporate Identity

Video ist ein weiterer Schritt bei der Entwicklung der Corporate Identity, die Verbindung schon allein wegen dem Begriff „Image" naheliegend. **Bilder können sehr stark das Image beeinflussen und haben damit Einfluss auf die Corporate Identity.** Auch Marken können durch die Integration von grafischen Elementen in den kontinuierlichen Ablauf von Bildern und mittels audiovisuellen Stilistiken in Bewegtbild-Medien inszeniert werden. Die Verbreitung der audiovisuellen Medien hat in den letzten Jahren stark

---

[58] Vgl. Lanzenberger, W. & Müller, M. (2010), S. 235f.
[59] Vgl. Lanzenberger, W. & Müller, M. (2010), S. 240f.
[60] Brockhaus (2012)
[61] Vgl. Slansky, P. (2004), S. 94
[62] Vgl. Stalla, P. (2007), S. 109

zugenommen. Heute besitzt fast jeder Haushalt einen Fernseher und Computer mit Internetanschluss. Die Verbreitung von Smart Phones mit Internetanschluss nimmt stetig zu. Wir haben die Möglichkeit, immer und überall Bewegtbildkommunikation wahrzunehmen. Allein auf YouTube werden jede Minute zwanzig Stunden audiovisuelles Material hochgeladen.[63] Auch die Produktion von Bewegtbild wird immer einfacher und kostengünstiger.[64] Entscheidendes Equipment, wie die teuren 35mm Filmmaterialstreifen und professionelle Kameras, können durch digitale Produkte mit immer weniger Qualitätseinbußen ersetzt werden. Bisher kann zwar keine digitale Kamera die Qualität eines 35mm Filmnegativs erreichen, aber man geht davon aus, dass sich die digitalen Bildsensoren, Signalverarbeitung und Signalspeicherung in naher Zukunft so stark verbessern werden, dass kein Unterschied mehr ersichtlich sein wird.[65] Man kann sogar sagen, dass durch den Ersatz der digitalen Technik derzeit eine Revolution innerhalb der gesamten Filmherstellungskette stattfindet.[66] **Die Konsumenten sind somit heutzutage ständig mit Bewegtbild umgeben und der Erstkontakt mit vielen Marken findet immer häufiger über audiovisuelle Medien und nicht mehr über die klassischen Printmedien statt.**[67] Diese Entwicklungen machen es immer schwieriger, durch besondere Bewegtbildkommunikation aufzufallen. Ein gutes Beispiel hierfür sind die Werbe-Spots, die im Rahmen des Super-Bowls mit enormem Aufwand produziert und publiziert werden, um den Rezipienten etwas Größeres, Innovativeres, Aufregenderes, Spannenderes oder Lustigeres zu bieten.

Um aus den unzähligen Möglichkeiten, wie man die Rezipienten heutzutage erreichen kann einen Fokus zu entwickeln, konzentriert sich der folgende Abschnitt auf die sehr vielversprechende Möglichkeit der emotionalen und erlebnisreichen Ansprache. Die darauffolgenden Kapitel Audiovisuelles Branded Entertainment, Logoanimation und Bildwelten zeigen das Spektrum an Möglichkeiten, mittels Bewegtbild Marken zu inszenieren.

---

[63] Vgl. Neunetz (2012)
[64] Vgl. Lanzenberger, W. & Müller, M. (2010), S. 262
[65] Vgl. Stalla, P. (2007), S. 45
[66] Vgl. Stalla, P. (2007), S. 1
[67] Vgl. Strack, W. (2007), S. 89

4.3.4.1 Emotionale und erlebnisreiche Ansprache

In den letzten Jahren ist die Ansprache der Gefühlswelten der Bezugsgruppen immer wichtiger geworden. Durch Emotionen können Unternehmen sich unterscheiden, durch Emotionen kann Zufriedenheit entstehen im sonst sachlich-rationalen Kontext. Zudem stehen Emotionen im eindeutigen Verhältnis mit aktuellen Trends der Erlebnisgesellschaft. Dabei ist es wichtig, dass Unternehmen **einzigartige und starke Gefühle vermitteln**, die über Sympathie hinaus gehen, um sich zu unterscheiden.[68]

Das Customer Experience Management (siehe Glossar) unterscheidet fünf Erlebnismodule, die einen Erlebniswert für Kunden schaffen können. Diese tragen die Bezeichnung sensorische, affektive, kognitive, verhaltensbezogene und soziale Erlebnismodule. Fast alle dieser Erlebnismodule können durch Bewegtbildkommunikation auf den Rezipienten wirken. Bewegtbilder können auf das sensorische Erlebnismodul wirken, indem sie die zwei Sinne Sehen und Hören aktivieren und somit den Sinn für Ästhetik ansprechen. Damit kann ein aufregendes und attraktives Erlebnis vermittelt werden. Die Bewertung des Erlebnisses erfolgt hierbei durch die elementaren Bestandteile Farbe, Form, Schrift und Tongeräusche, aber auch den Stildimensionen Komplexität (Minimalismus versus Ornamentik), Darstellung (Realismus versus Abstraktion), Bewegung (dynamisch versus statisch) und Aussagekraft (laut/stark versus gedämpft/schwach). Auch das affektive Erlebnismodul können Bewegtbilder im Internet, wie zum Beispiel Produkt- oder Imagevideos, ansprechen, denn mit diesen Videos können positive Stimmungen gegenüber einer Marke bzw. einem Unternehmen erzeugt werden. Durch besonders intellektuelle Bewegtbildkommunikation und mittels zum Beispiel Überraschung, Provokation oder Faszination kann das kognitive Erlebnismodul aktiviert werden. Mit Bewegtbildern können natürlich auch soziale Interaktionen wiedergegeben bzw. vorgespielt werden. Somit kann auch das soziale Erlebnismodul aktiviert werden. Das Gefühl der physischen Verhaltensänderung kann durch Bewegtbilder nicht erzeugt werden.[69]

Neben diesen wichtigen Erlebnismodulen gibt es weitere Konzepte, um die Wirkung von Bewegtbild zu optimieren. Dazu zählen Emotional Branding und der Ansatz des Customer Insights. Das Emotional Branding entstand im Zusammenhang mit dem Customer Experience Management, ist jedoch nur ein Teil dieses ganzheitlichen strategischen

---

[68] Vgl. Herbst, D. (2009), S. 76f.
[69] Vgl. Schmitt, B. & Mangold, M. (2004), S38ff.

Managementprozesses. Ziel des Emotional Branding ist es, die Emotionen der Kunden für die Markenstrategie zu nutzen. Dabei geht man davon aus, dass es den Konsumenten bei der Rezeption um positive Gefühle, aber auch Abwechslung, Ästhetik, soziale Identität und weitere Motive und Ziele geht.[70] Bei dem Ansatz des Customer Insights werden die Konsumenten intensiv durch Marktforschung nach ihren Bedürfnissen und Eigenschaften analysiert, um dementsprechend die Kommunikation anzupassen. Da diese Marktforschung extrem kostenintensiv ist, wird sie trotz der meist hohen Wirkung auf den Erfolg der Kommunikation meist nur von großen Unternehmen beauftragt.[71]

Mögliche Gefühlsdefinitionen einer Bank sind laut Kroeber-Riel zum Beispiel: Aktiv sein, Sachlichkeit, Leistung, Ausgewogenheit, soziale Potenz, Geborgenheit, Umwelt und Gesundheit, Lebensfreude und Attraktivität. Diese lassen sich dann auch noch in Einzelerlebnisse wie zum Beispiel Kultur, Bildung, Ansehen und Reichtum für die Gefühlsdefinition soziale Potenz unterscheiden. Mehrere Gefühle bündeln sich also zu Erlebnissen. **Deswegen ist es auch wichtig, einen Emotionen-Mix für ein Unternehmen festzulegen.**[72]

4.3.4.2 Audiovisuelles Branding

Für das audiovisuelle Branding gibt es vier Ebenen: Der Filmstil und die Filmsprache, die Animation, der Soundtrack und das Storytelling.

- Filmsprache/-stil: Hiermit sind stilbildende Aspekte des Realfilmes, wie Licht, Kamera, Szenografie, Montage, Timing und Tonalität, zusammengefasst.[73] Im besten Fall kann ein eigener unternehmerischer Filmstil entsprechend des Corporate Designs entwickelt werden.
- Animation: Hierzu zählen Tricktechniken, wie Stopmotion und Legetrick aber auch 3D-Animationen und Motion Design. Alle drücken sich durch sichtbare Bewegung aus und unterscheiden sich somit von Grafiken. Es gibt drei aufeinander aufbauende Animationsformen. Einmal die einfach Bewegung, dann das Verhalten aus der Kombination von verschiedenen Bewegungen und schließlich die Handlung, die aus Bewegung lineare Zusammenhänge erstellt und somit abgeschlossene Geschichten erzählt.

---

[70] Vgl. Schmitt, B. & Mangold, M. (2004), S27f.
[71] Vgl. Schmitt, B. & Mangold, M. (2004), S53f.
[72] Vgl. Herbst, D. (2009), S 78f.
[73] Vgl. Strack, W. (2007), S. 90

- Soundtrack: Corporate Sound geht weit über ein akustisches Logo hinaus. Der Hör-Sinn darf nicht unterschätzt werden. Er wird deutlich unterbewusster wahrgenommen, hat jedoch einen entscheidenden Anteil am Gesamteindruck einer Marke.
- Storytelling: Die hohe Bedeutung dieser Ebene für die Corporate Identity wird in dieser Studie in einem eigenen Kapitel dargestellt. Das Konzept und die Erzählform einer Bewegtbildkommunikation zahlt entscheidend auf die CI-Bereiche Corporate Communications und Corporate Behaviour ein.[74]

Die Steigerung des audiovisuellen Brandings stellt das Branded Entertainment dar. Hierbei können durch unterhaltsame Bewegtbildkommunikation Markenbekanntheit gesteigert und ein positives Marken-Image vermittelt werden.[75]

4.3.4.3 Logoanimation

Bei der Logoanimation gibt es drei Formen:

- Das Logo kann durch visuelle Effekte, wie 3D-Animation, Lichtstrahlen oder Morphing besonders inszeniert werden. Ein Beispiel hierfür ist das Langnese-Logo in dessen Kinowerbung.
- Das Logo kann wirklich animiert, es kann also eine kurze Geschichte erzählt werden. Dies wurde zum Beispiel in Master-Card Werbespots gemacht. Hierbei wurde das Logo aus Kokosnüssen animiert.
- Das Logo kann in den Film integriert werden. Zum Beispiel trägt bei einer TUI-Werbung das TUI-Logo entscheidend zur Handlung bei, weil eine „Logo-Familie" ihren Weg durch die Möglichkeiten von TUI erlebt und damit zum Protagonisten für den Betrachter wird.

4.3.4.4 Bildwelten

Bildwelten entlasten den Betrachter, da hierbei Informationen indirekt und dadurch schneller aufgenommen werden können. Außerdem erscheinen Bilder dem Betrachter interessanter, werden dadurch bevorzugt aufgenommen und bleiben besser im Gedächtnis als Text. **Bilder können Erlebnisse besser darstellen und dadurch kann die erhöhte Aktivierung besser auf das Verhalten wirken.** Bildwelten können entspre-

---

[74] Vgl. Strack, W. (2007), S. 91
[75] Vgl. Bundesverband digitale Wirtschaft e.V., (2010), S. 5

chend der Gefühlsdefinitionen eines Unternehmens entstehen. Beispiele hierfür sind die Alpenlandschaft bei Milka, die Wüste und das Lagerfeuer bei Marlboro und die Karibik bei Bacardi.[76] Starke Bildwelten leben von einer Beständigkeit, die stetig weiterentwickelt wird, von einer Einzigartigkeit gegenüber den Wettbewerbern, von widerspruchsfreien Aussagen innerhalb der verschiedenen Bilder und von einer Wechselseitigkeit zwischen Bezugsgruppe und Geschmack des Unternehmens.[77] Beherrscht man die aktualisierenden, informierenden und emotionalisierenden Funktionen von Bildwelten als Unternehmen, so kann man nachhaltig einen Wettbewerbsvorteil schaffen.[78]

4.4 Storytelling

Storytelling ist ein sehr komplexes, aber auch wirksames Instrument der heutigen Markenkommunikation. **Als Ergebnis von Stoytelling sollen wichtige Bezugsgruppen ein klares und lebendiges Bild vom Unternehmen haben und sich diesem dadurch positiver gegenüber verhalten.** So können zum Beispiel Mitarbeiter durch eine gemeinsame Geschichte motiviert und Geldgeber bzw. Journalisten durch Erfolgsgeschichten angesprochen werden.[79] Ein großer Vorteil von Storytelling ist, dass es wichtige Informationen verständlicher macht und dadurch die geistige Beteiligung erhöht. Neben der schlichten Information kann Storytelling auch die Zukunft skizzieren und Gefühle erzeugen. Dadurch verhilft Storytelling der Kommunikation zu einer neuen Qualität. Um zu erklären, warum Geschichten viel besser als bloße Kommunikation funktionieren, folgen nun wichtige Wirkungsmechanismen, die unser Gehirn stark ansprechen.

4.4.1 Wirkmechanismen des Storytelling

Geschichten wirken überwiegend unbewusst, denn mit Geschichten kann man riesige Datenmengen verpacken, die am Einfachsten vom impliziten System aufgenommen werden können. Daneben lösen sie starke Gefühle aus und diese **beschleunigen** das Lernen. Das direkte Ansprechen der Gefühle der Bezugsgruppe lohnt sich, damit diese sich mit einem guten Gefühl für die Leistungen entscheidet. Rationale Gründe unterstützen diesen Prozess bei wichtigen Entscheidungen. Außerdem **belohnen** Geschichten, denn klare Erwartungen, die sich erfüllen, werden als positive Erfahrung abgespeichert. Wenn man diese Erwartungen mit dem Belohnungsversprechen des Unternehmens

---

[76] Vgl. Herbst, D. (2009), S. 85ff.
[77] Vgl. Herbst, D. (2004), S. 29f.
[78] Vgl. Herbst, D. (2004), S. 45
[79] Vgl. Herbst, D. (2011), S. 8

verbindet, wird das bei Erfolg entstehende einzigartige angenehme Gefühl mit dem Unternehmen langfristig verbunden. Dadurch, dass Geschichten **Sicherheit vermitteln, neue Reize bieten und Autonomie erzeugen** können, sprechen sie auch Grundmotive des Menschen an. Überdies bestehen Geschichten aus Mustern. Mit Geschichten kann man also Neues ansprechen und dabei an Altes erinnern. Nicht zuletzt **lösen Geschichten auch Beteiligung aus**. Gerade Bilder und Videos können mithilfe von unseren Spiegelneuronen dazu führen, dass wir das miterleben, was wir lediglich sehen und somit Inhalte deutlich wirksamer übertragen. Dieses bildhafte Erleben führt auch dazu, dass die Fantasie angeregt wird.[80]

4.4.2 Gütekriterien für gutes Storytelling

Auch für das Storytelling sollen im Rahmen dieser Studie Gütekriterien aufgestellt werden. Diese werden nachfolgend aufgelistet.

- Authentizität: Der Erzählende muss die Erzählungen authentisch überliefern und einen Bezug zur Geschichte haben.[81]
- Bildhaftigkeit: Gute Geschichten gefallen und sprechen alle Sinne an. Daher sollten möglichst einprägsame Gedächtnisbilder erzeugt werden. Diese können durch Sprache oder durch Bewegtbildkommunikation erzeugt werden.
- Ereignishaftigkeit: Die Geschichten können sowohl Erfolgstories darstellen, aber auch Konflikte abbilden und Lösungswege aufzeichnen. Bei der Ideenfindung kann man sich zum Beispiel bei Mythologien, der menschlichen Geschichte, der Bibel, Sagen, Legenden, Märchen und Fabeln bedienen. Weitere Erläuterungen hierzu stehen im Kapitel Handlungen.[82] Gute Geschichten sind inhaltliches aber auch formales Ereignis.
- Dauerhaftigkeit: Eine gute Geschichte sollte über Jahre hinweg erzählt, leicht abgewandelt, aber im Grundthema gleich bleiben.
- Einfachheit: Gute Geschichten sind klar, deutlich und einfach.
- Einzigartigkeit: Gute Geschichten drücken die einzigartige Unternehmenspersönlichkeit eines Unternehmens aus und unterscheiden sich gegenüber den Geschichten der Wettbewerber.
- Adaptierbarkeit: Gute Geschichten sind über alle Medien transportierbar und

---

[80] Vgl. Herbst, D. (2001), S. 28ff.
[81] Vgl. Herbst, D. (2011), S. 13
[82] Vgl. Herbst, D. (2011), S. 14ff.

können für neue Medien adaptiert werden.[83]

4.4.3 Kernelemente von Geschichten

Um gute Geschichten zu kreieren und bewerten zu können, muss man die Bestandteile besser kennen. Diese werden daher hier kurz vorgestellt.

- Handelnde: Mögliche Handelnde in Geschichten können Kunden, Führungskräfte, Experten und Massenmedien sein. Diese können sowohl prota- als auch antagonistisch auftreten. Entscheidend für die Wirkung dieser Personen sind die Attraktivität, die Art der Bewegung, die ausgegebenen Signale durch Augen- und Mundpartie (Mimik), Größe, Sprache, Kleidung und sonstige Symbole bzw. Gegenstände.[84]

- Handlungen: Orientiert an der überlebenswichtigen Art der Nahrungsaufnahme in der Vergangenheit, sind folgende Handlungen im übertragenen Sinne besonders geeignet, um viele Menschen gleichzeitig anzusprechen. Diese sind Bewusstwerden des Bedürfnisses, Verlassen der Basis, Entdeckung des rechten Ortes, Kampf um die Nahrung, Erfolg und Rückkehr.[85] Konflikte sind besonders aktivierende Handlungen. Sie sind jedoch nur für kommunizierbare Geschichten geeignet, wenn die Bezugsgruppe den Konflikt versteht, der Konflikt bedeutend ist, die Lösung des Konfliktes in Sicht und für den Adressaten belohnend wirkt und wenn sich die Bezugsgruppe in den Konflikt einfühlen kann.[86] Außerdem sind das Aufzeigen von unternehmerischen Alternativen, die Darstellung eines besonders bedeutsamen Ereignisses, ein Wandel, Mythen und Muster als Handlungen geeignet. Die Dramaturgie ist auch besonders wichtig, da es gerade bei der Vielzahl von Bewegtbild im Internet gerade wichtig ist, den Besucher einer Internetseite durch eine spannende Geschichte zu halten.[87]

- Bühne und Requisiten und Zeit: Es ist entscheidend an welchem Ort, in welchem Land, in welcher Zeit, mit welchen Gegenständen, mit welcher Ordnung, mit wel-

---

[83] Vgl. Herbst, D. (2011), S. 121
[84] Vgl. Herbst, D. (2011), S. 93ff.
[85] Vgl. Herbst, D. (2011), S. 106f.
[86] Vgl. Herbst, D. (2011), S. 109f.
[87] Vgl. Herbst, D. (2011), S. 115f.

cher Frequenz, mit welcher Dauer und welchem Aufwand die Geschichte erzählt wird.[88]

4.4.4 Vorgehen

Um gute Geschichten für ein Unternehmen zu finden, sollte man einem systematischen Vorgehensplan folgen. Ein mögliches Vorgehen nach Herbst wird im Folgenden skizziert. Grundlage zur Erfassung von Geschichten ist die **Analyse**. Hierbei sollte man die Bezugsgruppe bestimmen, sowie Informationen und das Belohnungsversprechen des Produktes bzw. der Dienstleistung finden. Außerdem sollte man Stärken und Schwächen des Unternehmens herausfinden. Eine weitere wichtige Aufgabe der Analyse ist das Erfassen von Erfahrungen, Gefühlen und Erwartungen der Bezugsgruppe an das Unternehmen. Diese sollten in Bildern ausgedrückt werden können. Auch Schemen des Unternehmens sind für die Analyse interessant, da sie in leicht abgeänderter Form für die Bezugsgruppe interessant sind. Es sollten auch bestehende Bilder von Menschen und Handlungen analysiert werden. Je nachdem wie das Unternehmen diese bereits nutzt, können daraus neue Geschichten werden. Selbst der Status Quo des Unternehmens ist interessant – also wo ist das Unternehmen und wo will es hin? Auch daraus lassen sich Geschichten ableiten. Insgesamt kann man sich bei der Analyse an der Motivkarte orientieren und somit Unternehmen nach den Attributen Balance, Stimulanz und Dominanz einordnen. Darauf folgt die **Planung**. Dabei soll erfasst werden, was das Storytelling mit welchen Mitteln und Maßnahmen erreichen soll. Es müssen also Maßnahmen und Strategien entwickelt werden. Erst in der **Kreation** werden die Geschichten letztendlich entwickelt und umgesetzt. Hierfür ist es wichtig zu beobachten, kopieren, üben, variieren und selbst einen Stil zu finden.[89] Mit der **Kontrolle** und spezifischen Kontrollmechanismen kann die Zielerreichung gesteuert werden.

4.4.5 Storytelling im Internet

Ziel des Storytellings im Internet können Bekanntheitssteigerung und die Definierung der Corporate Identity sein.[90] Das Internet ist dafür besonders gut geeignet, da man hier unterschiedliche Medien wie Bilder, Text und Videos und dazu auch unterschiedliche Kanäle wie das World Wide Web, Social Media und Chats in die Kommunikation einbin-

---

[88] Vgl. Herbst, D. (2011), S. 116ff.
[89] Vgl. Herbst, D. (2011), S. 190ff.
[90] Vgl. Herbst, D. (2011), S. 159.

den kann. **Zudem helfen die Möglichkeiten der Interaktivität und Vernetzung dabei, die Geschichten weiterzuerzählen und multimedial zu begleiten.** Dabei ist es jedoch wichtig, dass der Benutzer geleitet wird und nicht die Orientierung verliert. Hierfür ist die Entwicklung eines Drehbuchs vorteilhaft, um Verknüpfungen aufgrund der Interaktivität und Spannung zu planen. Durch die Interaktivität schafft man zudem ein höheres Involvement bei der Bezugsgruppe, weil man die Geschichten so gestalten könnte, dass der jeweilige Internetnutzer in diese eingreifen und mitwirken kann. Außerdem ist es über das Internet und die direkte Kommunikation deutlich einfacher möglich, eine persönliche Beziehung zwischen Unternehmen und Menschen der Bezugsgruppe aufzubauen.[91]

---

[91] Vgl. Herbst, D. (2011), S. 160

5 Analyse der BEISPIELBANK (Praxisbeispiel)

In der folgenden Analyse wird die BEISPIELBANK als Praxisbeispiel dieser Studie genauer betrachtet. Die Analyse befasst sich dabei nicht nur mit der BEISPIELBANK als Organisationssystem, sondern bezieht auch ihr Umfeld ein. So wird in diesem Kapitel außerdem die Bewegtbildkommunikation der Konkurrenz betrachtet.

5.1 Unternehmensanalyse und –strategie

Dieser Teil der Studie wurde stark gekürzt, da keine öffentliche Freigabe des Auftraggebers erteilt werden kann und unternehmensinterne Daten vorhanden sind.

Sie versteht sich als Bank mit ausgewählten Zielbranchen und den Kundengruppen Privatkunden, Firmenkunden und Öffentliche Kunden. Für den Bereich des Privatkundengeschäftes bezeichnet sich die BEISPIELBANK als Internetbank. Von 2006 bis 2010 hat die BEISPIELBANK ihren Privatkundenbestand mehr als vervierfachen können.[92]

Bisher ist die BEISPIELBANK offiziell auf den Social-Media-Plattformen Facebook und YouTube vertreten. Die Bank ist jedoch generell aufgeschlossen gegenüber den neuen Nutzungsmöglichkeiten des Social Webs und prüft auch die Verwendung von Xing und Twitter.

Trotz der Bankenkrise und einer angespannten Wettbewerbssituation konnte die BEISPIELBANK in den vergangen Jahren ein stetiges Wachstum verzeichnen und 2010 auch hohe Gewinne erzielen.

Häufig wählen Kunden die BEISPIELBANK aufgrund des „BEISPIELBANK-Money" und seiner Kreditkarte, haben jedoch meist auch noch eine weitere Bankverbindung für andere Produkte ... Daher soll das Cross-Selling der Bank weiter ausgebaut werden.[93] Denn der Produktabsatz von anderen Produkten, zum Beispiel dem BEISPIEL-BANK-Privatdarlehen, ist für den wirtschaftlichen Erfolg im Privatkundensegment ebenfalls wichtig. Im Jahr 2012 konnten auch schon erste Erfolge generiert werden.

---

[92] Vgl. Deutsche Beispielbank AG (2011)
[93] Vgl. Deutsche Beispielbank AG (2010) S. 15f.

5.2 Kommunikationsstrategie

Aus der Kommunikationsstrategie der Deutschen Beispielbank geht hervor, dass die Bank sich im Internet folgendermaßen darstellen möchte:

- Die BEISPIELBANK möchte einfach und klar verständlich kommunizieren.
- Die BEISPIELBANK möchte langfristig als die Hausbank im Internet gesehen werden.
- Die BEISPIELBANK möchte als nachhaltig agierende Bank angesehen werden.
- Die BEISPIELBANK möchte authentisch wirken.
- Die BEISPIELBANK möchte kompetent und erfahren wirken.

Der Slogan spricht lediglich den ersten Ansatz der Kommunikationsstrategie an. Das speziell für das Internet verwendete wurde Ende 2011 aufgrund von zu hohen Kosten für die Nutzung von zwei Marken und zur Vereinfachung für den Kunden abgeschafft. Der zweite und dritte Ansatz wird bisher kaum kommuniziert und bietet sehr viel Potential. Die Ansätze vier und fünf sind sehr universell und nicht besonders relevant.

5.3 Positionierung und Marketing

Im Wettbewerb positioniert sich die BEISPIELBANK durch die Farbwahl eindeutig.

Die Beispielbank hat eine deutlich höhere Bekanntheit in der Hautstadt, als in Gesamtdeutschland.[94] **Trotzdem liegt sie bei der allgemeinen Bekanntheit in der Finanz- und Bankdienstleistungsbranche nur im Mittelfeld.**[95] Selbst unter den Direktbanken rangiert sie nur an fünfter Stelle der gestützten Bekanntheit.

Außerdem gehören Corporate Social Responsibility, Internetwerbung sowie die Zusammenarbeit mit Verbänden, Netzwerken und Eliteforen ebenfalls zu den Grundpfeilern des Marketingkonzeptes. Diese werden durch Online- und Kundenbindungsmarketing, Verbandskooperationen und Eventmarketing abgedeckt. **Dabei sind die Marketingziele des Online- und Kundenbindungsmarketings die Etablierung der BEISPIELBANK als Hausbank mit der Steigerung des Produktnutzens, des Serviceangebotes sowie der Produktpalette, Cross-Selling und Fokussierung auf die Kundenbindung mit dem BEISPIELBANK-Club.** Der BEISPIELBANK-Club ist das Bonusprogramm der BEISPIEL-

---

[94] Vgl. Markt und Sport (2011), S. 26
[95] Vgl. Markt und Sport (2011), S. 40

BANK-Privatkunden und dient in diesem Segment als Profitcenter sowie zur Aktivierung der Produktnutzung. Die Kunden müssen für den Club keine Gebühren zahlen, Voraussetzung ist jedoch der Besitz des BEISPIELBANK-Money und die Teilnahme am Online-Banking. Als Kernzielgruppe sind höhere Angestellte im Alter von 30-50 Jahren definiert. Neben der Kundenbindung soll der Club die Weiterempfehlungsquote des BEISPIEL-BANK-Money steigern und das soziale/ökologische Engagement der BEISPIELBANK mit ausgewählten Produkten unterstützen. Für eine Direktbank ist die Kundenbindung extrem entscheidend, da Online-Kunden häufiger mehrere Bankverbindungen haben und demnach leichter Geld und Kredite zu einem Mitbewerber transferieren können.[96]

Trotz dieser zahlreichen Maßnahmen sind die entscheidenden Leistungen der BEISPIELBANK nur bei einem Viertel der Befragten bekannt. Die mehrfachen Testsiege sind nur bei 13% der Befragten bekannt.[97]

Die BEISPIELBANK verwendet bisher nicht das Corporate Identity Management. Die Marke ist im Vergleich zu den Mitbewerbern wenig ausgeprägt und hat Potential, an Stärke zu gewinnen. **Die Markenpersönlichkeit könnte man bisher als kühl, verlässlich, engagiert und direkt bezeichnen.**

5.4   Internetkommunikation

De Ansprache der Privatkunden findet im Internet bisher über die Homepage BEISPIEL-BANK.de, das Online-Banking Portal, Landingsites, Bannerwerbung, Internetseiten von Vermittlern und Affiliates sowie über die Social-Media-Plattformen Facebook und YouTube statt.

5.4.1   Analyse der Homepage

Betrachtet man die Homepage rein optisch, dann fallen sofort die Farben zur Hervorhebung und der hohe Anteil an Text, vor allem auf den Unterseiten, auf. **Zudem findet man kaum Bilder.** Derzeit dienen lediglich Grafiken und Testsiegel dazu, ausgewählte Produkte hervorzuheben und in den Vordergrund zu stellen. Auch Menschen und Gesichter, die emotional wirken könnten, sind bisher nicht vertreten. Generell wirkt die Internetseite sehr **sachlich, höflich, diskret und überfrachtet**. Die Inhalte wirken komplex, trotz des Versuches, auf Sternchentexte und komplizierte Erklärungen zu

---

[96] Vgl. Institut für Demoskopie Allensbach (2002), S. 1
[97] Vgl. Markt und Sport (2011), S. 64

verzichten. Der Versuch, die Inhalte klar und einfach darzustellen, steht bisher in einem Konflikt mit rechtlichen und inhaltlichen Festlegungen.

5.4.2 Analyse der Landingsites

Die Landingsites sind deutlich übersichtlicher. Die Inhalte beschränken sich hauptsächlich auf die Produktbeschreibungen und einige zusätzliche Informationen in Infoboxen in der rechten Spalte. Im Vergleich der diversen Landingsites fallen die vielen unterschiedlichen Banner und die sehr werbende Ansprache auf.

5.4.3 Analyse der Bannerwerbung

Die Banner sind bisher sehr unterschiedlich und verfolgen kein einheitliches Corporate Design. Der Wechsel zu einer einheitlichen Agentur für alle Bannerkommunikationsmittel wurde intern festgelegt und wird aktuell umgesetzt. Das jetzige Bild der BEISPIELBANK wird allerdings noch von den vielen unterschiedlichen Bannern bestimmt. Diese unterscheiden sich im Design in den folgenden Punkten.

5.4.4 Analyse der Internetseiten der Vermittler und Affiliates

Die Internetvermittler haben feste Vorgaben, wie sie die Produkte der BEISPIELBANK vertreiben und welche Kommunikationsmittel sie verwenden dürfen. Dazu gehören ein fester Logosatz, aktuelle Testsiegel und die aktuellen Konditionen. Trotz dieser Angaben kann bei über 4.000 Vermittlern kein einheitliches Bild erreicht werden, da auf Grund der hohen Kosten nicht ständig alle Internetseiten auf Aktualität überprüft werden können. Hinzu kommt, dass die Texte von jedem Vermittler frei erstellt werden können, um eine Unabhängigkeit von der BEISPIELBANK zu vermitteln. So können zum Beispiel die Begriffe Girokonto und Tagesgeldkonto verwendet werden, obwohl sie auf der Homepage aus rechtlichen Gründen bisher nicht verwendet wurden.

5.4.5 Analyse der Social Media Plattformen

Die Social Media Aktivitäten der BEISPIELBANK sind sehr kontrolliert und maßvoll. Deutlich später als die Wettbewerber hat die BEISPIELBANK 2011 das inoffizielle Facebook-Profil übernommen und postet derzeit ungefähr eine Meldung in der Woche.[98] **Damit nutzt die Bank diesen Kanal deutlich weniger als die meisten nationalen und internationalen Banken.** Trotzdem kann die BEISPIELBANK auch hier ein gesundes Wachstum aufweisen. So haben sich „Gefällt mir"-Angaben innerhalb eines Jahres auf

---

[98] Vgl. Deutsche Beispielbank AG (2012b)

1070 mehr als verdoppelt und das ohne jegliches Bewerben der Facebook-Seite. Auch die Reichweiten der Beiträge steigen kontinuierlich und die Viralität der Beiträge schwankt in den letzten Monaten zwischen einem und elf Prozent.[99] **Auch auf YouTube ist die BEISPIELBANK seit 2011 offiziell vertreten.**[100] **Diese Plattform bietet für die BEISPIELBANK ein hohes Potential.** Dies erkennt man an den vielen Videos von Vermittlern und Kunden.[101]

Dazu ist die Bank auf zahlreichen Vergleichsportalen und Foren durch Ihre Vermittler vertreten. Auch hier herrscht also kein einheitliches Bild, da es keine einheitlichen Vorgaben gibt.

5.4.6 Analyse der Bewegtbildkommunikation im Internet

Die offiziellen Werbespots haben kein gemeinsames Corporate Design, da es zu einer Logoänderung von BEISPIELBANK.de zu Deutsche Beispielbank AG in allen Medien kam. Auch die Soundlogos und Abbindergrafiken sind in jeder Generation von Werbespots verändert worden. **Videos erhalten bisher kaum Beachtung bei der BEISPIELBANK.**

5.4.7 Zusammenfassung der Analyse der Internetkommunikation

Das gewünschte Bild der Hausbank wird im Internet nicht unterstützt. Es entsteht ferner durch die grafische Gestaltung der Internetkommunikation ein **inkonsequentes Bild**. Die Bank **erscheint optisch als Niedrigpreismarke** und der Fokus auf die **Nachhaltigkeit der Bank wird noch nicht ausreichend kommuniziert.**

5.5 Kundenanalyse

Auch dieser Teil der Studie wurde stark gekürzt.

Die Gruppe der 25-34-Jährigen steht damit im Fokus dieser Studie und ist prädestiniert für Maßnahmen im Bewegtbildumfeld. Anhand der Ergebnisse einer in 2007 für die BEISPIELBANK durchgeführten Studie kann man sagen, dass diese Kunden ein hohes Bildungsniveau haben, zu fast gleichen Teilen männlich und weiblich sowie überwiegend Angestellte in einfachen/mittleren Positionen sind. Außerdem haben diese Kunden meist ein mittleres Haushaltseinkommen zwischen 2.500 und 3.800 Euro, sind verheiratet mit Kindern und kommen überdurchschnittlich häufig aus den neuen Bundesländern. Es wird

---

[99] *Vgl. Deutsche Beispielbank AG (2012c)*
[100] *Vgl. Deutsche Beispielbank AG (2012d)*
[101] *Vgl. Spannbetoni (2012a)*

davon ausgegangen, dass sich die Kundenstruktur nicht großartig verändert hat. Der Kundenbestand ist um ca. 27% seit 2009 gestiegen.[102]

5.6 Corporate Branding Analyse

Für die Corporate Branding Analyse werden die aktuelle Mission der Organisation, die Vision der strategischen Führung und das Image bei externen Stakeholdern miteinander verglichen. Um diese Analyse einzugrenzen, wird lediglich die Internetkommunikation als Grundlage des Brandings betrachtet. In externen Veröffentlichungen und internen Berichten wird die Marke Deutsche Beispielbank AG nachhaltig, bedacht, einfach, offen und engagiert bezeichnet. Zudem sieht man sich aufgrund der Geschichte sehr mit dem Standort verbunden. In Zukunft möchte die BEISPIELBANK die Hausbank im Internet sein und sich neben Deutschland auch auf dem internationalen Markt als Direktbank positionieren. Außerdem will die Bank für Nachhaltigkeit und Engagement bekannt und weiterhin klar verständlich, einfach und authentisch sein. **Die Bank wird weitestgehend als sympathisch, engagiert, seriös, direkt und einfach angesehen.** Trotzdem **verliert die Bank immer mehr das Prädikat „sicher" und zudem wird die Bank als inkonsequent und unmodern in der grafischen Gestaltung der Internetkommunikation gesehen. Nur 3% der Befragten der Markt & Sport Studie 2011 geben an, dass die BEISPIELBANK ihre Hauptbankverbindung ist.**[103] Das Preis-Leistungs-Verhältnis und der Service werden als gut bezeichnet.[104]

Aufgrund dieser Analyse ergeben sich eine Vision-Image-Gap, da die Bank bisher nicht als Hausbank gesehen wird und eine Culture-Vision-Gap, da die regional verankerte Bank international agieren möchte. Außerdem muss die inkonsequente und unmoderne grafische Gestaltung verbessert werden. Um dem entgegenzuwirken, kann ein auch ein Bild- und Bewegtbildkonzept genutzt werden, da Bilder bekanntlich mehr als tausend Worte sagen. Zusätzlich müssen ein konsequenter Umgang mit den Internetbannern und nachhaltige Geschichten um die Bank entwickelt werden. Bei diesen Bildern und Geschichten sollte beachtet werden, dass die Bank bisher zwei Felder im limbischen System anspricht. So spricht sie mit den Themen Hausbank und Nachhaltigkeit mehr den Balancebereich und zusätzlich eher den Dominanzbereich an.

---

[102] Vgl. Beinlich, J. (2007)
[103] Vgl. Markt und Sport (2011), S. 70
[104] Vgl. Markt und Sport (2011), S. 84

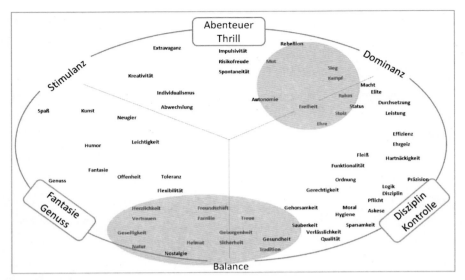

Abbildung 8 // Motivkarte der BEISPIELBANK[105]

Diese Zwei-Ansprachen-Strategie kann fortgesetzt werden, jedoch kostet sie mehr Aufwand und damit auch Geld, als eine Konzentration auf ein Feld. Neben diesen fehlenden Bildkonzepten fehlt es der BEISPIELBANK an einem kontinuierlichen Design-Management mit festen Prozessen und Mitarbeitern bzw. Agenturen, die den Rundumauftritt kontrollieren. Selbst mit diesen Maßnahmen ist zu beachten, dass nach Oakley Design niemals perfekt ist und es keinen klaren Endpunkt gibt.[106]

5.7 Konkurrenzanalyse

Für die Konkurrenzanalyse werden die Bild- und Bewegtbildkommunikation einer Direktbank, der Deutschen Bank, einer Nachhaltigkeitsbank, einer Sparkasse und einer amerikanische Bank betrachtet. Diese sind natürlich nicht alle direkte Konkurrenten der BEISPIELBANK, haben jedoch wichtige gemeinsame Tätigkeitsfelder und Aufgaben.

5.7.1 ING Diba

Die Internetseite der ING Diba emotionalisiert durch die Bildthemen Home-Banking, **Freiheit und Sportlichkeit** auf den obersten Themenseiten. Dazu werden junge Protagonisten und das bekannte Testimonial Dirk Nowitzki abgebildet. Zusätzlich dienen

---

[105] Eigene Darstellung (2012)
[106] Vgl. Simon, D. (2009), S. 60

Abbildungen auf der Internetseite zur Information, wie zum Beispiel in der Guided Tour des Internet-Bankings.

Abbildung 9 // Beispiel einer Themenseite der ING Diba[107]

Abbildung 10 // Ausschnitt aus der Guided Tour[108]

Das offizielle YouTube Profil der ING Diba umfasst 24 Videos, die über 133.000 mal angesehen wurden. Darunter befinden sich zehn **Werbespots, fünf Videos zum Thema FAIRantwortung, fünf Videos, in denen Kinder Bankbegriffe erklären, eine Strategiepräsentation, ein Beitrag über Dirk Nowitzki und eine Bilanzpressekonferenz.** Auf

---
[107] ING DiBa (2012a)
[108] ING DiBa (2012b)

dieser Plattform werden dementsprechend Marketingkommunikation mit klassischer PR- und Imagekommunikation und Corporate Social Responsibility verbunden. Diese Mischung wird nur von 40 Abonnenten verfolgt. Die Spots verfolgen innerhalb ihrer einzelnen Gruppen gemeinsame audiovisuelle Stilmittel, verwenden jedoch nicht immer die Vorlagen der Corporate Identity. So haben die Werbespots ein festes Raster, an dem sie sich orientieren. Dazu gehören Dirk Nowitzki als Testimonial, Musik in Form von entspannter Fahrstuhlmusik mit dem Song "Baby I'm a fool" von Melody Gardot, die großen ING DiBa Buchstaben, die in das Geschehen gestellt werden, einen männlichen Sprecher, der am Ende die Vorteile zusammenfasst, und rechteckige Grafiken mit Informationen.

Abbildung 11 // Ausschnitt aus einem aktuellen Werbespot der ING Diba[109]

Auch die DiBa Dings Bums Spots mit Kindern als Protagonisten verfolgen einen festen Aufbau. Dieser besteht aus einer Vorstellungssequenz, den Interviewsequenzen und einer Abbindersequenz, die mittels Sprecher und Grafiken die Vorteile der ING DiBa kurz erläutert und den Zusammenhang herstellt. Als stilistische Mittel dienen akustische kindliche Instrumentengeräusche, Tafeln mit Fragen und Antworten, die gläsernen orange-farbenen ING DiBa Buchstaben, das Soundlogo „DiBadiBa du", gesungen von den Kindern, und der Slogan „Die Bank und du".

---

[109] ING DiBa (2012c)

Abbildung 12 // Ausschnitt eines DiBa Dings Bums Spots[110]

Bei den weiteren Videos, die fast alle den sachlich-informativen bzw. Reportage-Ansatz verwenden (siehe o), erkennt man keine vergleichbaren Stilmittel. Es liegt die Vermutung nahe, dass diese Videos von unterschiedlichen internen Auftraggebern initiiert wurden.

Inhaltlich bedient sich die ING DiBa bei Ihrer Bewegtbildkommunikation bei der Aufklärung und Information von Bankbegriffen bzw. Corporate-Social-Responsibility-Aktivitäten, der Reportage und Hintergrundinformation, unterhaltsamen Parallelen zwischen dem Leben von Dirk Nowitzki und den Vorteilen der Kunden der ING DiBa und den Themen **Sportlichkeit, Partnerschaft, Treue, Einfachheit und Erreichbarkeit.**

5.7.2 Deutsche Bank

Die Bildkommunikation auf der Internetseite der Deutschen Bank ist deutlich vielfältiger. Hier findet man zwar auch emotionalisierende Bilder auf den Themenseiten, jedoch zudem Grafiken zur Veranschaulichung, Filme zur Vertiefung und Banner sowie Fotos, um Themen einzuführen.

---

[110] *ING DiBa (2012d)*

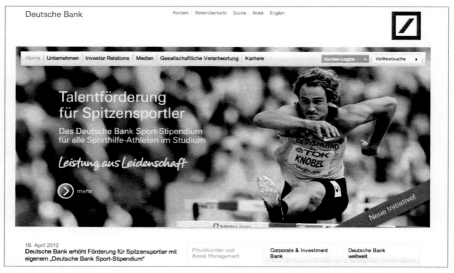

Abbildung 13 // Startseite der Deutschen Bank[111]

Interessant ist auch, dass die Deutsche Bank eine eigene Mediathek mit Bildern, Videos und Publikationen betreibt.

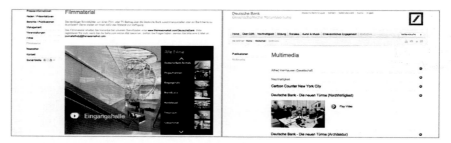

Abbildung 14 // Unterrubrik Filmmaterial[112] und Themengebiet Mediathek innerhalb der CSR-Internetseite[113]

Unter diesen Medien befinden sich professionell erstellte **Mood-Clips und Aufnahmen von den Firmengebäuden der Deutschen Bank AG, Mitschnitte von Jahrespressekonferenzen, Reportagen und Beiträge zu den CSR-Themen** der Deutschen Bank AG und **Aufklärungs- sowie Informationsvideos.** Der YouTube-Kanal der Deutschen Bank AG umfasst 14 Playlists mit über 100 Videos, 315 Abonnenten und nahezu 150.000 Videoaufrufen. Die Playlists sind unterteilt in einen Werbespots-Kanal, einen Herrn-Ackermann-Kanal, einen Hauptversammlungen-Kanal, drei CSR- und Veranstaltungskanäle, drei

---

[111] Deutsche Bank AG (2012a)
[112] Deutsche Bank AG (2012b)
[113] Deutsche Bank AG (2012c)

Beratungs- und Informationskanäle, einen Musikkanal, einen Sportkanal, einen Kunstkanal, einen Top-Videos-Kanal und einen Kanal über die Banktürme. Die meisten Videos teilen den gleichen Abbinder mit Logo und Slogan.

Abbildung 15 // Abbinder am Ende der meisten Videos[114]

Alle diese Videos verbindet der sachlich-informative- bzw. Reportage-Ansatz, instrumentale musikalische Untermalung und die Verwendung der CI-Schrift sowie Logo. Darüber hinaus ist die Gestaltung der Videos sehr vielfältig. So sieht man in einigen Videos Reporter bzw. Interviewer im Bild und befindet sich in einem Studio. In anderen Videos sind Landschaftsaufnahmen- und Erlebnisaufnahmen mit Interviewsequenzen gemischt. Darüber hinaus unterscheiden sich die Videos hinsichtlich ihrer Stilistik und Bildsprache sehr. Inhaltlich spricht die Deutsche Bank hauptsächlich die Themen **Finanzinformation, Vorsprung, Leistungsbereitschaft, Wachstum und Nachhaltigkeit** an.

5.7.3 GLS Bank

Die GLS Bank verwendet ein durchgängiges Bannerbildkonzept auf ihrer Internetseite. Dabei werden konstante Elemente wie Text, Logo, Hintergrund und Testsiegel mit unterschiedlichen Tieren im Fokus des Banners kombiniert. Zusätzlich dienen Bilder auf der Internetseite dazu, um Texte und Themen einzuleiten und auf bestimmte Inhalte hinzuweisen. Hierbei werden auffällig viele Stockfotos verwendet, um Textinhalte zu verbildlichen. Dies kann als gute Unterstützung dienen, wirkt jedoch schnell unpersönlich.

---

[114] *Deutsche Bank AG (2012d)*

Abbildung 16 // Startseite der GLS Bank[115]

Auch Videos findet man auf der Internetseite der GLS Bank. So werden das neue Internet-Banking und dessen neue Funktionen mittels Videos erklärt. Die Videos werden als YouTube-Einbindung zur Verfügung gestellt. Der YouTube-Kanal der GLS Bank umfasst 13 Videos mit nahezu 30.000 Videoaufrufen und 181 Abonnements. Die Erklärungsvideos wurden im Green-Screen-Studio aufgenommen, haben eine Moderatorin und verwenden größtenteils Animationen, die die Funktionen des Internet-Banking verdeutlichen. Zu Beginn und Ende der Videos wird eine Logo-Slogan-Kombination verwendet, um den Bezug zur Marke herzustellen. Auch die sonstigen Videos, die Interviews zur Funktionsweise der Bank und Veranstaltungsbeiträge darstellen, enden alle mit der gleichen Logo-Slogan-Kombination. Einen gewissen Stilbruch stellt das gezeichnete und animierte Trick-Video dar, das die Bank erklärt. Als Themen findet man **Nachhaltigkeit, Umweltbewusstsein, Gemeinschaft und Freundschaft.**

---

[115] GLS Bank (2012a)

Abbildung 17 // Moderatorin im Internet-Banking Film[116] und Zeichentrickanimation[117]

5.7.4 Berliner Sparkasse

Auch die Berliner Sparkasse hat ein durchgängiges Bildkonzept entwickelt, das auf Ihrer Internetseite durchgesetzt wird. Dieses zeichnet sich durch seinen schwarz-weißen bzw. in Grau-Tönen gehalten Hintergrund und die Hervorhebungsfarbe rot aus. Damit wird automatisch jede Bildkommunikation an die Hausfarbe der Berliner Sparkasse angepasst. Diese Bilder werden mit farbigen Stock Fotos ergänzt.

Abbildung 18 // Startseite der Berliner Sparkasse[118]

---

[116] GLS Bank (2012b)
[117] GLS Bank (2012c)
[118] Berliner Sparkasse (2012a)

Zusätzlich zu den Bildern werden wichtige Produkte, wie Giropay, Bausparen und Riesterrente mithilfe von Bewegtbildkommunikation vorgestellt. Stilistisch sind dies animierte Videos, die durch eine präsente menschliche Moderatorin unterstützt werden.

Abbildung 19 // Beispielvideo zur Erklärung der Riester-Rente[119]

Auf dem YouTube-Kanal teilt die Berliner Sparkasse 25 Videos, die insgesamt über 115.000 angesehen wurden und durch 66 Abonnementen verfolgt werden. Dort findet man weitere Erklärvideos von Produkten und Funktionen im Stil der Videos auf der Homepage, weitere rein zeichentrick-animierte Erklärvideos, Videos zur Veranstaltungsdokumentation, Videos über die Sparkasse und ihre Ausbildung, Making-Of Videos von Werbespots und Informationsvideos rund um das Thema Finanzen und Geld. Im Gegensatz zu ihren Mitbewerbern zeigt die Berliner Sparkasse auf ihrem YouTube-Kanal zusätzlich Videos, die den Gedanken des Web 2.0 aufgreifen und zum Mitmachen animieren. Damit zeigt sie nicht nur die üblichen sachlichen Informationen, sondern wecken auch Emotionen. Ein Beispiel hierfür ist **eine Flashmob-Aktion auf dem Berliner Alexanderplatz**, die nicht nur auf dem Kanal der Berliner Sparkasse, **sondern auch von Passanten, die auf die Aktion vor Ort aufmerksam wurden, auf YouTube geteilt wurde.**[120]

---

[119] *Berliner Sparkasse (2012b)*
[120] *Berliner Sparkasse (2012c)*

Abbildung 20 // Ein sehr erfolgreiches Web 2.0 Video auf dem YouTube Kanal der Berliner Sparkasse[121]

Inhaltlich werden in den Videos die Themen **Gemeinschaft, Aufklärung, Finanzinformation, Mitdenken, Kompetenz, Nähe und Vordenken** von der Berliner Sparkasse hauptsächlich bedient. Die unterschiedlichen Videos bilden eine interessante Mischung aus Information und Unterhaltung.

5.7.5   Wells Fargo

Wells Fargo ist die viertgrößte Bank der USA gemessen an den Umsatzzahlen. Mit einem Markenwert von 23,2 Milliarden US-Dollar ist sie die zweitgrößte Bank-Marke der Welt. [122] Dementsprechend kann man ihr eine Vorreiterfunktion im Branding zusprechen. Dementsprechend interessant ist auch die Bewegtbildkommunikation der Bank. Im Vergleich zu den deutschen Banken befinden sich deutlich weniger und kleinere Bilder auf der Internetseite der Bank. Der Textanteil ist deutlich höher und es gibt auch weniger Weißflächen. Die wenigen Bilder, die verwendet werden, sind größtenteils Stockbilder, die Menschen zeigen.

---

[121] *Berliner Sparkasse (2012d)*
[122] *Vgl. Handelsblatt Online (2012)*

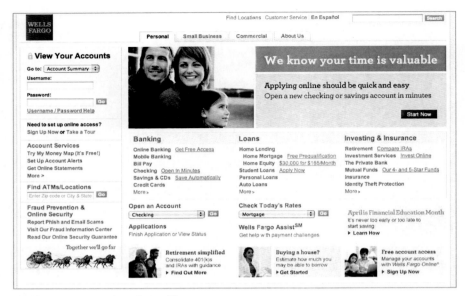

Abbildung 21 // Startseite der Wells Fargo[123]

Dafür findet man deutlich mehr Videos auf der Internetseite. Es sind eigene Unterrubriken vorhanden, die als Informationskanal für bestimmte Themen der Bank dienen. So gibt es einen eigenen Credit-Education-Kanal und ein Business-Insights-Resource-Center, in denen spezifische Fragen und Themen mittels Animation und Moderation erläutert werden. Darüberhinaus gibt es Video- und Podcast, die weitere Themen als einfache Powerpoint-Präsentation aufgreifen. Die Präsentationen werden zusätzlich akustisch kommentiert.

Abbildung 22 // Credit Education Kanal[124] und Business Insights Resource Center[125]

---

[123] Wells Fargo (2012a)
[124] Wells Fargo (2012b)
[125] Wells Fargo (2012c)

Die Rente ist ein wichtiges Thema für die Bank. Daher findet sich auch hierfür ein eigener Kanal, in dem zahlreiche Videos von Personen rund um dieses Thema gezeigt werden. Die Videos haben einen sachlich-informativen Charakter und sind zusammengeschnittene Interviews vor einem gebrandeten Hintergrund.

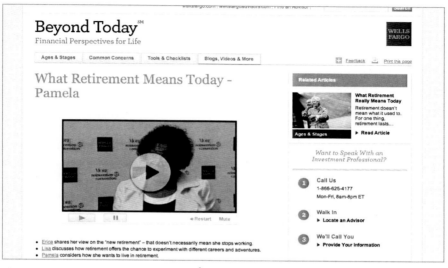

Abbildung 23 // Beispiel aus dem Retirement Center[126]

Auch die Personalbeschaffung ist für die Wells Fargo sehr bedeutend. Auf der Internetseite gibt es zahlreiche Videos, in denen Mitarbeiter von ihrer Arbeit für Wells Fargo erzählen.

Der YouTube Kanal umfasst 85 Videos mit beeindruckenden 2.735.315 Videoaufrufen und 1360 Abonnementen. Die hohe Zahl an Videoaufrufen konnte vor allem mit dem Video von einem **Flashmob auf dem New York Times Square, das über 2,3 Millionen mal angesehen wurde, erreicht werden.** Neben diesem Video hat die Bank auch weitere Videos aus dem **Bereich „fun and interesting"** erstellt, um neben den sachlich-informativen Bewegtbildmedien auch Emotionen und Unterhaltung zu bieten. Weitere Bereiche sind „financial education", „community" und „smarter credit", die hauptsächlich aus Experten-Interviews und moderierten Beiträgen bestehen. Zudem gibt es einen Kanal, der die Geschichte der Bank und entscheidende Ereignisse, wie zum

---

[126] Wells Fargo (2012d)

Beispiel den 160. Geburtstag in diesem Jahr, dokumentiert. Durch dieses aktuelle Video zum Geburtstag leitet der aktuelle CEO John Stumpf.

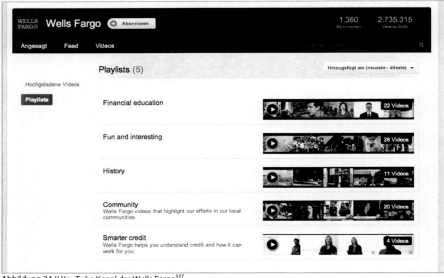

Abbildung 24 // YouTube Kanal der Wells Fargo[127]

---

[127] Wells Fargo (2012e).

6 Zusammenfassung und -führung des Grundlagen- und Analyseteils

An dieser Stelle werden nun die theoretischen Grundlagen und die Analyse des Praxisbeispiels zusammengefasst, um sie im nachfolgenden Entscheidungsprozess leichter gegenüberstellen und dabei problemlösend vorgehen zu können.

Für die weitere Planung der Bewegtbildkommunikation ist entscheidend, dass Bilder Vorstellungen anregen und zu Erlebnissen werden können. Sie sind besonders wichtig für die Beurteilung der BEISPIELBANK, da das Sehen für 70% der menschlichen Wahrnehmung verantwortlich ist. Zudem bieten Bilder sehr viele Möglichkeiten und haben Eigenschaften, die sie gegenüber Textkommunikation interessanter und intensiver machen. Damit schaffen sie einen echten Mehrwert. Zudem hat die Analyse ergeben, dass das menschliche Individuum grundsätzlich nach Orientierung und Kontext sucht und ein System und Maßnahmen braucht, um damit umzugehen. In diesem Zusammenhang wurde der Image-Begriff betrachtet. Images können Orientierung geben, da sie Vorstellungsbilder eines Meinungsgegenstandes sind und damit Komplexität reduzieren. Images sind Bestandteil des Corporate Identity Managements. Dieses schafft im Ergebnis eine bekannte Unternehmenspersönlichkeit und damit Vertrauen. Auch wenn die BEISPIELBANK bisher nicht nach den Prinzipien des Corporate Identity Managements agiert, kann man eine Markenpersönlichkeit ablesen. Diese hat bisher die Eigenschaften verlässlich und direkt. Für eine Kommunikation entsprechend der Corporate Identity ist es wichtig, Konsequenz zu zeigen, und bedarf es einer eigenständigen authentischen Haltung. Es muss also im Folgenden geklärt werden, ob die bisherigen Attribute der BEISPIELBANK in die Bewegtbildkommunikation integriert werden können. Alternativ dazu könnten die Bild- und Bewegtbildkommunikation auch als Mittel dienen, um der Marke mehr Emotionalität und Unterhaltung zu geben. Grundsätzlich können Unternehmensfilme nämlich positiv beeinflussen, das Image transportieren, dem Unternehmen ein Gesicht geben, Vertrauen schaffen, Emotionen vermitteln, unterhalten und informieren. Sollte sich die BEISPIELBANK entscheiden, Bewegtbildkommunikation vermehrt einzusetzen, dann müsste sie auf Qualität, ein einheitliches Auftreten und auf wirkliches Verständnis der Anspruchsgruppen setzen. Nur so könnte sie sich behaupten und von anderen absetzen. Weiterhin ist es wichtig, dass die Entwicklungen des Internets und der Videoproduktion in die Videokonzeption einfließen und somit möglicherweise integrierte Konzepte ermöglichen. Die einzelnen Internet-Bewegtbildmedien sollten dann nicht zu vollgeladen sein, gute Metaphern verwenden, Werte vermitteln und Schnelligkeit, Einfachheit sowie Attraktion bieten.

Die Methoden des Storytellings sind für die bildhafte Übersetzung der BEISPIELBANK ebenfalls sinnvoll und sollten in einer Art erfolgen, die möglichst viele Sinne anspricht und authentisch wirkt. Dabei sollten die Geschichten interaktiv adaptierbar, langlebig, ereignisreich und leicht zu verstehen sein. Das Storytelling kann ein lebendiges Bild der BEISPIELBANK vermitteln, damit sich die Bezugsgruppen positiver gegenüber dieser Verhalten. Mögliche Themen, die in Bewegtbildkonzepten der BEISPIELBANK aufgegriffen werden könnten, sind:

- Leistung/Freude
- Ausgewogenheit/Engagement/ Bedächtigkeit/Geborgenheit/Umwelt
- Sachliche Information/Recruiting/Selbstdarstellung

Bisher sind die Bank sowie ihre Produkte nur wenig bekannt. Ziele der Kommunikation könnten sein, dass die Bank zur Hausbank im Internet wird und dass die Vorteile der Bank besser und einprägsamer dargestellt werden. Die Eigenschaften von Videos und eine einfache Verständlichkeit passen zur Marke BEISPIELBANK.

In der folgenden Entscheidung muss geklärt werden, ob Bilder und Bewegtbildkommunikation zur Bank passen. Bisher verwendet sie diese Mittel kaum und ist in ihrer Erscheinung inkonsequent. Daher erscheint sie optisch als Niedrigpreismarke und der Fokus auf die Nachhaltigkeit der Bank wird noch nicht ausreichend kommuniziert. Zudem liegt die BEISPIELBANK bei der Sympathie und Beliebtheit nur im Mittelfeld der Direktbanken, wobei diese Werte sich sogar von 2010 zu 2011 verschlechtert haben.

Potential für die Bewegtbildkommunikation im Internet bieten die zahlreichen Angebote des BEISPIELBANK-Clubs, die vorhandenen Facebook- und YouTube-Profile und die Produktdarstellungen und Services auf der Internetseite. Diese werden von Mitbewerbern und anderen Kreditinstituten sehr intensiv und kreativ genutzt. Die BEISPIELBANK kann von diesen viel lernen und die Erkenntnisse für ihre Interessen nutzen. Hierbei sind auch die Möglichkeiten der Interaktivität und Vernetzung sowie die Möglichkeit, Geschichten multimedial zu begleiten, interessant.

7 Entscheidung

Wie die Analyse zeigt, sind die Einsatzmöglichkeiten für Bewegtbild im Internet sehr vielseitig. Nun muss aus der Vielzahl an Beispielen die richtige Bewegtbildstrategie für die BEISPIELBANK entwickelt werden. Diese Entscheidung ist maßgebend, da bei Missachtung der Analyseerkenntnisse Risiken zu entscheidenden Problemen werden können. Ein Hauptrisiko ist, dass die Videos sehr kostenaufwendig produziert werden und dann kaum angeklickt und verbreitet werden, weil zum Beispiel der Inhalt, die Qualität, der Nutzwert oder die Ansprache nicht stimmt. Zudem sollte auch die Distribution der Videos von Anfang an bedacht werden, da ein sehr gutes Video, das nicht gefunden bzw. verbreitet wird, ebenfalls sein Ziel verfehlt.[128] Auch die Marke BEISPIEL-BANK bzw. Deutsche Beispielbank AG muss genauer definiert werden, um die audiovisuellen Maßnahmen im Rahmen einer Corporate Identity anzubringen. Die komplette Corporate Identity der Bank festzuhalten bzw. zu überarbeiten, ist nicht die Aufgabe dieser Studie. Es müssen jedoch Aussagen getroffen werden, die die Marke greifbarer und einzigartiger machen. Hierzu soll ein Fragebogen helfen, der sich aus Fragestelllungen des Corporate Identity Managements, des Storytellings und aus eigenen spezifischen Fragen zusammensetzt. Dieser wird an das Kommunikations- und Marketingmanagement der BEISPIELBANK gerichtet. Die Erstellung des Fragebogens für ein leitfadengestütztes Interview an einen Experten der BEISPIELBANK erfolgte nach wissenschaftlichen Standards. Auch die Durchführung der Befragung erinnert mit einer Länge von 60 Minuten an ein Experteninterview. Hierbei wurden dem Befragten erst wichtige Themen erklärt und dann spezifische Fragen zur BEISPIELBANK im Zusammenhang mit den vorgestellten Themen geklärt. Der komplette Fragebogen des eben beschriebenen zweiten Teils der Befragung befindet sich im Anhang. Da die nun folgenden Aussagen von einer einzigen Person resultieren, kann man an dieser Stelle nicht von einem wissenschaftlichen Anspruch, wie in der vorhergehenden Sekundäranalyse sprechen. Aus Zeit- und Kostengründen konnten keine weiteren Interviews durchgeführt werden und somit werden die Ergebnisse des Fragebogens eher als Ergebnisse eines Rebriefings betrachtet.

---

[128] Vgl. Business Wissen (2012)

Das Interview hat ergeben, dass alle Privatkunden mit der Bewegtbildkommunikation angesprochen werden sollen. Als Inhalte der audiovisuellen Kommunikation können Vorteile des BEISPIELBANK-Money und der BEISPIELBANK, grüne und nachhaltige Informationen und Tipps und Tricks des Internet-Bankings dargestellt werden. Als Belohnungsversprechen sollten die Einfachheit der Nutzung und das Sparen durch die günstigeren Konditionen angesprochen werden. Bildlich lässt sich die Internetkommunikation mittels Couch, Küche oder Liegestuhl in einem häuslichen Umfeld darstellen. Erwartungen an die BEISPIELBANK sind, dass sie fair ist, gute Konditionen hat, sicher und immer erreichbar ist. Als Stärken der BEISPIELBANK stehen die nachhaltigen bzw. verlässlichen Konditionen, die große Produktpalette, die der einer Hausbank ähnelt, die Rund-um-die-Uhr-Erreichbarkeit und das simple ohne Wenn und Aber. Schwächen sind die geringe Möglichkeit der Beratung bzw. individuelle Lösungen. In fünf bis zehn Jahren möchte die BEISPIELBANK die Hausbank im Internet sein und weiteres Kunden- und Marktanteilswachstum vorweisen. Als Hausbank im Internet möchte die Bank ein Internetportal für diverse Serviceangebote bieten. Dazu gehören zum Beispiel auch Strom- und Versicherungstarife. Dieses neue Bedürfnis nach einem solchen Portal muss dabei auch geschaffen und kommuniziert werden. Es muss also zum Thema gemacht werden, dass dies überhaupt möglich ist. Das Hausbankthema kann neben den nachhaltigen Themen auch am ehesten als Leitidee angesehen werden – auch wenn die BEISPIELBANK kein wirkliches Leitbild formuliert hat.

Insgesamt sollten die Videos informieren, aufklären, das SEO verbessern, Produkte erklären und Bezug zur Lebenswelt der Privatkunden herstellen. Emotionen können erzeugt werden. Stilistische Mittel kann eine Off-Stimme mit Computeranimation, Interaktivität, Verbindung mit Social Media, Beiträge von Nutzern bzw. Kunden, Logo- und Claim-Einbindung, Internetadresse, Soundlogo, Intro- und Outro-Sounds und Experten sein. Keine Inhalte dürfen sonstige Menschen, Zeichnungen und Musik sein. Als Werte, Haltungen und Gefühle können Leistung, Einfachheit, Partnerschaft, Treue und Nachhaltigkeit kommuniziert werden. Als Geschichten bieten sich die Beteiligung der Bank am Energiewandel und den damit verbundenen Beitrag zu einer besseren Welt, die Erklärung des Internet-Bankings und der steigende Umfang des BEISPIELBANK-Money an. Als Budget für die ersten Kreationsideen stehen max. 75.000 Euro zur Verfügung.

In der folgenden SWOT-Analyse sollen nun die Stärken und Schwächen der BEISPIEL-BANK mit den Chancen und Risiken der Bewegtbildkommunikation im Internet und des Storytellings verglichen werden.

SWOT-Analyse	Stärken	Schwächen
	• Kunden haben ihre Hauptbankverbindung bei der BEISPIELBANK • Geschichten rund um das Nachhaltigkeitsmanagement • Social Media Profile vorhanden • Diverse Produkte und Services bieten hohe Vielfalt (alles was Hausbank hat + mehr) • Einfachheit, Sparpotential, günstige und nachhaltige Konditionen • Immer erreichbar über die Hotline und das Internet • Millionen internetaffine Privatkunden und stetiges Wachstum • Bedient Dominanz- & Balance-Motive	• Produktvorteile und Bank sind kaum bekannt • Bei Beliebtheit nur im Mittelfeld der Direktbanken • Online-Banking wird nicht ausreichend erklärt • Produktdetails sind sehr komplex • Keine individuellen Lösungen / Beratung • Bedürfnis nach Portal für diverse Serviceleistungen, wie es die BEISPIELBANK bietet, noch nicht vorhanden • inkonsequenter Umgang mit gestalterischen Möglichkeiten im Internet
Chancen • Bilder wirken intensiver • Images schaffen Orientierung und Vertrauen • Innovative Videos im Internet können Maßstäbe setzen • (Bewegt-) Bildkommunikation vertritt Eigenschaften, Werte, Ästhetiken und Kompetenzen des Unternehmens und kann damit einen Beitrag zur Corporate Identity beitragen • Geschichten können langlebige Bilder schaffen, belohnen, beschleunigen und lösen Beteiligung aus • Neue Marketingformen & SEO-Verbesserung möglich • Informieren, aufklären, erklären, Edutainment möglich • günstige Produktionswege durch technischen Fortschritt	• mit Videos können Produkte intensiver und unterhaltsamer erklärt werden (Edutainment) • Videos können die BEISPIELBANK Produkt- und Servicevielfalt darstellen -> Orientierung schaffen • Es können langlebige Geschichten rund um das Nachhaltigkeitsmanagement erzählt werden • Erklärung/"Beratung" mittels Videos unterstützt die Idee der ständigen Erreichbarkeit • Video-Marketing und SEO-Verbesserung können als moderne Instrumente zum Wachstum beitragen • Vorteile der Bank können einfach mittels multimedialer Informationen und Geschichten dargestellt werden	• Videos können Produktvorteile inklusive den komplexen Produktdetails kommunizieren • Videos können Beliebtheit steigern • Internet-Banking kann mit wenig Kosten multimedial erklärt werden • Möglichkeit, um das CD festzulegen • Bedürfnis nach Portal für diverse Serviceleistungen kann durch Geschichten und multimediale Kommunikation forciert werden • Festlegungen im Corporate Design Bereich erleichtern und sparen Geld
Risiken • Bilder müssen z. Marke passen • Nur „gute" Videos mit guter Distribution werden zum Erfolg • Videos werden von der Zielgruppe nicht beachtet • Durch Bewertungen auf Videoportalen kann es zu negativer Kritik kommen	• Social Media Profile können zur Verbreitung der Videos dienen • Anhand der Motive Balance und Dominanz kann die Zielgruppe angesprochen werden • Transparenter Umgang mit Kritik passt zum Internetauftritt der BEISPIELBANK	• Bildkommunikation kann Marke mitbestimmen • Corporate Motion und Corporate Image Strategie legen die gesamte Umsetzung fest • Bedürfnisse werden an Zielgruppe und deren Lebenswelt angepasst

Abbildung 25 // Tabelle: SWOT – Analyse zur Entscheidungsfindung[129]

---

[129] Eigene Darstellung

Aus diesen strategischen Überlegungen können nun explizite Maßnahmen formuliert werden. Diese werden in der folgenden Tabelle aufgelistet.

Strategische Überlegungen	Maßnahmen
1. Videos können die BEISPIELBANK Produkt- und Servicevielfalt darstellen -> Orientierung schaffen 2. Vorteile der Bank können einfach mittels multimedialer Informationen und Geschichten dargestellt werden.	1. Erstellung eines Videos, das auf der Homepage die Produktvielfalt und die diversen Services ansprechend erklärt. Damit soll Orientierung geschaffen werden.
1. Es können langlebige Geschichten rund um das Nachhaltigkeitsmanagement erzählt werden	2. Erstellung von regelmäßigen Videos mit Nachhaltigkeitsthemen, die auf einem eigenen YouTube Themenkanal hochgeladen werden.
5. Erklärung/„Beratung" mittels Videos unterstützt die Idee der ständigen Erreichbarkeit 6. Videos können Produktvorteile inklusive den komplexen Produktdetails kommunizieren Festlegungen im Corporate Design Bereich erleichtern und sparen Geld.	3. Wichtige Produkte, wie das BEISPIELBANK-Money werden in einem Video erklärt und die Produktvorteile und diversen Details stärker in den Vordergrund gerückt.
7. Video-Marketing und SEO-Verbesserung können als moderne Instrumente zum Wachstum beitragen.	4. Werbespots als In-Stream-Ads auf YouTube verwenden. (Targeting möglich) 5. Produktvideos können zu Keywordvideos bei der Google-Suche gemacht werden.
8. Internet-Banking kann mit wenig Kosten multimedial erklärt werden.	6. Erstellung eines Videos, das einen Einblick in die Funktionen des Internet-Banking gibt.
9. Möglichkeit um das CD festzulegen 11. Bildkommunikation kann Marke mitbestimmen 12. Corporate Motion und Corporate Image Strategie legen die gesamte Umsetzung fest.	7. Wichtige Festlegungen für das Bewegtbild- und Bild-Corporate Design sollten formuliert werden.
13. Bedürfnis nach Portal für diverse Serviceleistungen kann durch Geschichten und multimediale Kommunikation forciert werden. 14. Anhand der Motive Balance und Dominanz kann die Zielgruppe angesprochen werden.	8. Geschichten und Videos rund um das Bedürfnis werden in kreativer Art im Social Web verbreitet. Hierbei können Motive aus dem Bereich Balance und Dominanz angesprochen werden.
15. Social Media Profile können zur Verbreitung der Videos dienen. 16. Transparenter Umgang mit Kritik passt zum Internetauftritt der BEISPIELBANK.	9. Der YouTube Kanal bekommt Unterthemengebiete und auch auf Facebook werden Videos hochgeladen. Dabei gibt es die Möglichkeit die Videos zu kommentieren und zu bewerten.

Abbildung 26 // Tabelle: Gegenüberstellung der Strategie und Maßnahmen[130]

---

[130] Eigene Darstellung

8 Ergebnis

Auch dieser Teil der Studie wurde stark gekürzt.

Mittels dieser letzten Tabelle und den vorhergehenden Erkenntnissen ist es nun möglich, ein Ergebnis abzuleiten. Dieses gliedert sich in ein Bild- und Videokonzept und weitere Kreationsideen für den Bewegtbildeinsatz.

8.1 Corporate Design Bild

Die Bewegtbildkommunikation sollte auf die Bildkommunikation aufbauen. Da die Bildkommunikation der BEISPIELBANK noch nicht ausreichend definiert wurde, wird dies hier in knapper Form für die Kundenkommunikation im Internet dargelegt.

Hierzu werden erneut die aktuellen Bilder auf der Startseite der Homepage betrachtet, da es wichtig ist, bei guter Bildkommunikation Konsequenz zu zeigen und sich nicht ständig zu sehr von bisherigen Vorgaben zu unterscheiden. Daher sollen Stilmittel und Gemeinsamkeiten der bisherigen Bildkommunikation aufgenommen und aufgrund der gewonnen Erkenntnisse verbessert werden.

Dabei stechen einige Gemeinsamkeiten hervor. Insgesamt wirken die Bilder sehr künstlich und wahllos zusammengestellt. Man findet unnatürliche Hintergründe mit Farbverläufen, künstliche Schatten, künstliche Spiegelungen, Bewegung und künstliche Gegenstände wie den Fußball. Insgesamt sind die Fotos inkonsequent, da sie eine Mischung aus echten Aufnahmen und künstlich zusammengestellten Fotos darstellen. Es gibt keine Festlegungen zur Darstellung von Personen, Personengruppen und Farben.

An dieser Stelle ist es jedoch besonders schwer Festlegungen zu treffen, da die Bilder auf der Homepage fast täglich ausgetauscht werden, da sie meist kurzzeitige Aktionen anpreisen. Eine einheitliche Foto- und Bildproduktion würde also mehr Kosten als Nutzen bringen. Man könnte jedoch zu den jeweiligen Rubriken, die fast immer gleich bleiben, Rahmen erstellen, in die dann das Aktionsbild jeweils eingesetzt wird. Somit schafft man Gemeinsamkeiten, die Orientierung schaffen, und kann hohe Kosten vermeiden. Dazu müssten die Bildgrößen jedoch erhöht werden. Dies könnte im Rahmen der Verbreiterung der Internetseite erfolgen.

Zudem sollte darauf geachtet werden, dass die Bilder mehr Natürlichkeit bekommen, indem weniger bearbeitet wird und die Motive Leistung, Einfachheit, Partnerschaft, Treue und Nachhaltigkeit angesprochen werden. Dies kann zum Beispiel durch grüne Wiesen, Umarmungen, Schlichtheit und blaue Himmel erfolgen.

Zusätzlich zu diesen Bildern wird empfohlen, auf der Internetseite größere Bilder bzw. Headbanner zu verwenden. So können Kategorien mit einem Blick erfasst werden und mehr Orientierung und Übersichtlichkeit geschaffen werden. Solche Headbanner bieten sich für sämtliche Produkte sowie für die Seiten und Unterseiten der Internetseite an.

Zur besseren Orientierung trägt der Banner zugleich den Titel und einen Satz, um die Kategorie zu erklären. Auch hier treten Farben als Erkennungsfarben hervor.

Somit kann man zusammenfassend für die Bildkommunikation der BEISPIELBANK sagen, dass folgende Bestandteile und Stilmittel verwendet werden können:

- Blaue Himmel und grüne Wiesen/Wälder
- Natürliche und echte Bilder verwenden
- Montagen, Stockbilder und starke Bearbeitung vermeiden
- Rote „Störer"

8.2 Corporate Design Motion

Diese Festlegungen gelten nun wie gesagt auch für die bewegten Bilder. Dies bedeutet, dass möglichst echte Bilder verwendet werden sollen. Auch hier empfehlen sich kontrastreiche Bilder, hohe Sättigungen, starke Farben, damit die Videos nicht verblassen, sondern ins Auge stechen.

Außerdem sollten die Videos als gemeinsames Merkmal das Logoband der BEISPIEL-BANK mit dem BEISPIELBANK Kurzlogo tragen. Dieses kann zusätzliche Informationen zu den Videos in Textform bieten. Zudem sollten die Videos das heutige Standartformat 16:9 haben und in High Definition gedreht werden. Um diese Festlegungen zu verdeutlichen, zeigt die folgende Grafik das Raster für die zukünftige Bewegtbildkommunikation am Beispiel eines Standbildes aus einem Video.

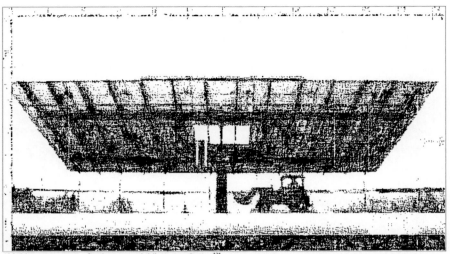
Abbildung 27 // Raster für die Bewegtbildkommunikation[131]

Neben den visuellen Festlegungen sollte auch die Akustik abgestimmt sein. So sollte ein Sprecher gewählt werden, der zur „Stimme der BEISPIELBANK" wird, und eine rhythmische und dynamische Hintergrundmusik gewählt werden, die bei allen Bewegtbildformaten an bestimmten Stellen oder während des gesamten Videos für eine treibende Stimmung sorgen kann. Als weiteres Erkennungsmerkmal und zur Etablierung der Alleinstellungsmerkmale sollte eine Intro-Sequenz produziert werden, die den meisten Produkt- und Service-Videos vorgeschaltet werden kann. Hierbei zoomt die Kamera zu einem Menschen, der sitzt und ein Notebook vor sich hat. Er/sie lächelt in die Kamera. Danach fährt die Kamera (Animation) in den Bildschirm des Notebooks. Die eigentliche Videosequenz beginnt. Dieses Intro kann an einem Tag produziert werden. Die Kosten dafür würden ca. 5.000 Euro zuzüglich Rechteabtretungen betragen. Mit diesem Intro wird außerdem gleich zu Beginn eine Emotion vermittelt. Damit wird vermieden, dass die Videos lediglich einen informativen Charakter haben. Dies ist besonders wichtig, da eine Reaktion nur durch eine Interaktion in Verbindung mit einer Emotion erfolgen kann. Auch Bruce Daisley von YouTube sagt: „To adopt emotional advertising is one of the most important decisions that a brand can make."[132] Außerdem stellt die Darstellung in einem heimischen Umfeld, die Verbindung zwischen den Motiven Dominanz und Balance her und sollte daher das Leitbild- bzw. Leitmotiv der BEISPIELBANK werden.

---

[131] *Eigene Darstellung (2012)*
[132] *Vgl. Holtkamp, P. (2011), S. 7*

Auch in der Tonalität sollten sich die Bewegtbildsequenzen ähneln. Sie sollten den Nutzer an die Hand nehmen, ihn aber nicht bevormunden. Außerdem kann ein hohes Maß an Detailtreue angewendet werden, wobei darauf geachtet werden muss, dass jedoch nicht gelangweilt wird. Insgesamt sollte die Tonalität bei Videos mit hauptsächlich erklärender und informierender Funktion ruhig, geduldig und sachlich sein. Bei den sonstigen Videos, die daneben unterhalten sollen, sollte die Tonalität lebensnah, kreativ, freundlich, hochwertig, nachvollziehbar und empathisch sein.

8.3 Kreationsansätze

Im Folgenden werden kreative Maßnahmen und Empfehlungen für die BEISPIELBANK kurz beschrieben und skizziert. Alle audiovisuellen Erzeugnisse werden nach aktuellen Internetstandards produziert, so dass sie durch Player auf der Internetseite und im Internet-Banking der BEISPIELBANK sowie auf YouTube zur Verfügung gestellt werden können. Durch die Einbindung auf YouTube können die Videos durch Verlinkung im Internet und auf sozialen Netzwerken wie Facebook verbreitet und für die Internetkommunikation genutzt werden.

8.3.1 Themenkanäle auf YouTube

Eines der wichtigsten Maßnahmen ist die Aufbereitung des YouTube-Kanals. Dabei sollte der Kanal entsprechend des Corporate Design ein Hintergrundbild bekommen und vor allem in themenspezifische Unterkanäle unterteilt werden. Mögliche Kategorien sind Nachhaltigkeit, Werbespots, Produkte, Service, Sonstiges.

Der Nachhaltigkeitskanal sollte regelmäßig neue Videos mit echten Geschichten rund um nachhaltige Themen bieten. Dies können ökologische bzw. nachhaltige Projekte sein, die die BEISPIELBANK unterstützt bzw. finanziert. Es können aber auch Maßnahmen audiovisuell aufbereitet werden, die zeigen, wie die BEISPIELBANK selber nachhaltig wirtschaftet. Wichtig ist bei diesen Videos, dass sie sich stilistisch am Edutainment (Galileo-Stil) orientieren. Die Zuschauer sollen nicht mit langweiligen Informationen überhäuft werden, sondern auch etwas aus den Videos mitnehmen, indem man Zusammenhänge erklärt, in die Tiefe geht und dabei trotzdem durch eine charmante Aufbereitung unterhält. Auch hier kommt es auf Werte und nicht auf Werbung an. Eine mögliche Geschichte, die langfristig erzählt werden könnte, ist das nachhaltige Engagement der BEISPIELBANK, das jährlich einen wichtigen Beitrag für die Umwelt leistet, durch unter anderem weniger Papierausdrucke und weniger umweltbelastende Stromerzeugung. Für die Erstellung dieser Videos kann man einen festen Kostenrahmen setzen. Für 2.500 Euro kann an jeweils zwei Dreh- und Schnitttagen ein gutes Resultat erzeugt werden.

Der Werbespot-Kanal zeigen bereits jetzt schon die vergangenen TV-Werbespots bzw. Backstage-Reportagen. Die zusätzlichen Produkt- und Servicekanäle fassen Produkt- bzw. Serviceerklärungsvideos zusammen. Unter „Sonstiges" könnten Themen folgen, die nicht kategorisiert werden konnten. Für die Pflege und Erstellung des YouTube-Profils fallen sehr geringe Kosten an. Ein Mitarbeiter der Kommunikationsabteilung bzw. des Social Media-Teams müsste einmal in der Woche die Kommentare überprüfen und vierteljährlich ein Reporting erstellen.

8.3.2 Videos zur Erklärung wichtiger Produkte

Das Leitprodukt der BEISPIELBANK ist das BEISPIELBANK-Money. Die Komplexität dieses Produktpaketes steigt durch die stetig wachsenden Details und Funktionen. Somit sollte dieses Produkt als erstes ein Erklärvideo bekommen. Im Anschluss könnten das BEISPIELBANK-Privatdarlehen und die BEISPIELBANK-Immobilienfinanzierung folgen. Bei der Entwicklung der Erklärvideos ist es wichtig, dass ein externer Auftraggeber mit der Konzeption beauftragt wird, damit sichergestellt wird, dass auch wirklich ein durchschnittlich intelligenter Mensch der Anspruchsgruppe das komplette Produkt versteht. Ausgehend von bekannten internen Suchwortanfragen und den häufig gestellten Fragen sollte in dem Video auf die Spar- und Transferfunktion zwischen Girokonto und Kreditkartenkonto eingegangen werden. Außerdem sollte darauf hingewiesen werden, wie Geld ein- und ausgezahlt werden kann. Zusätzlich kann man auch auf den BEISPIEL-BANK-Club und die Moneyback-Funktion eingehen.

Stilistisch gesehen können die Videos mit der besagten Introsequenz beginnen. Danach gibt es mehrere Möglichkeiten. Die einfachste und günstigste Form ist das Erklären der Produkte in Form von animierten Folien, die an PowerPoint oder ähnlichen Präsentationsprogramme erinnern. Neben der visuellen Ebene ergänzt ein Sprecher Erklärungen auf der akustischen Ebene. Dabei sollte darauf geachtet werden, dass die Bildebene allein genug Erklärungsinhalte bietet, um auch Hörgeschädigte mit den Videos zu erreichen und einen Vorteil zu bieten. Dies gilt auch für die folgenden Kreationsideen. In einer kostenintensiveren und aufwendigeren Variante könnten auch mit augenscheinlich "eigenen Worten" die Komplexität der Produkte vereinfacht werden. Dazu könnten Sie vor einem neutralen Hintergrund oder in einem Wohnzimmer bzw. Garten in einer Home-Banking Situation gezeigt werden. Zusätzlich können wichtige Informationen in einem Textfeld zur leichteren Rezeption dargestellt werden. Die Protagonisten müssten lediglich aus Ihrer Erfahrung mit dem Produkt einige Punkte aufzählen. Um den vollen Umfang des Produktes darzustellen, könnte das Bild an bestimmten Stellen eingefroren werden und ein Sprecher gibt weitere Informationen mit Unterstützung eines Textfeldes. Die maximale Länge für ein detailliertes Produkterklärungsvideo sollte fünf Minuten betragen. Für die günstigere Variante würden Kosten von 5.000-10.000 Euro für anfängliche drei Produkte anfallen. Die kostenintensivere Variante müsste mit 30.000-40.000 Euro berechnet werden. Es folgt eine mögliche Darstellungsform der teureren, aber auch wirkungsvolleren Variante. Videomarketing

Die erstellten Produkt- und Erklärungsvideos können zusätzlich verschlagwortet und somit in Suchmaschinen auffindbar gemacht werden. Damit sind sie ein wichtiger Bestandteil der Suchmaschinenoptimierung. Da die Videos auffällig auf der ersten Google-Ergebnisseite als Vorschaubild angezeigt werden, werden sich die Klicks auf die Produktseiten erhöhen. Hier ein Beispiel, wie diese Videos auf YouTube eingebunden werden.

Abbildung 28 // Google-Suche nach Girokonto + Video[133]

---

[133] Google (2012)

Diese Videos können günstig in der BEISPIELBANK-Stilistik produziert werden und somit könnte man für jedes wichtige Suchwort ein entsprechendes Video erstellen. Der Einsatz von Keywordvideos ist eine neue Form des Videomarketings im Internet. Die BEISPIEL-BANK könnte durch den Einsatz dieses Marketinginstrumentes eine Vorreiterfunktion einnehmen und wichtige Suchwörter als erste Bank mit Videos besetzen.

8.3.3 Hausbank-Video zur Erklärung der Produkt- und Servicevielfalt

Den Zugang zum Internet-Banking erhält man wiederum nur durch die Beantragung und das erfolgreiche Abschließen des Schlüsselproduktes BEISPIELBANK-Money. Diese Einschränkung könnte man in einen Vorteil umwandeln und daraus eine Geschichte machen. Man könnte das Online-Banking als exklusiven Bereich bzw. Club erzählen, der eine Vielfalt von Möglichkeiten bietet. Diese Exklusivität lässt sich gut als Geschichte erzählen. Dabei muss jedoch auch darauf geachtet werden, dass die BEISPIELBANK weiterhin als Direktbank für Jedermann erkannt wird und es zu keinen Hemmungen bei Interessenten kommt. Daher sollte das einfache Anmelden erklärt und die darauffolgenden vielen Möglichkeiten als vielfältige Produkt- und Servicewelt aufgezeigt werden. Dieses Video könnte mit der angesprochenen Introsequenz beginnen und schließlich den Laptop des Protagonisten zeigen, auf dem die Produkt- und Servicevielfalt gezeigt wird. Das gesamte folgende Video ist ein sogenanntes Screencast, also eine Aneinanderreihung von Screenshots mit darübergelegtem Sprechertext und diversen Bildanimationen.

Das erste Bild im Bildschirm zeigt alle Produkte und Serviceangebote auf einen Blick, wie sie auch im Internet-Banking zu finden sind. Man erklärt außerdem die Exklusivität und die Zugangsbedingungen zum Internet-Banking. Daneben sollten Details, Zusammenhänge und Hintergründe zusammen mit dem Sprecher durch Hervorhebungen wie Einzoomen dargestellt werden und wichtige Zahlen und Informationen durch Schrift in einem Textfeld visualisiert werden. Dadurch bekommen wichtige Informationen eine höhere Bedeutung und prägen sich leichter bei dem Rezipienten ein. Dieses Video soll nur in 3-5 Minuten einen Überblick über die Produktpalette schaffen. Da wie bereits erläutert einige wichtige Produkte eigene Produkterklärungsvideos bekommen sollen, kann man diese hier verlinken und somit dem Nutzer ermöglichen, an bestimmten Stellen des Videos zusätzliche Informationen abzurufen. Durch die Interaktivität kann der Nutzer selber entscheiden, was er sehen möchte und wie viel erklärt werden soll. Um diese Auswahl zu erleichtern, kann man das Video in Kapitel unterteilen und links neben dem Notobook-Monitor im Video eine Titelauswahl platzieren. Diese könnte durch ein Mouse-Over aktiviert werden und das jederzeitige Weiter- und Zurückspringen ermöglichen. Neben dem Überblick der Produktpalette sollten auch wichtige Serviceangebote aufgezeigt werden. Dazu zählen an erster Stelle die Möglichkeit, wichtige Dokumente in einem Safe zu speichern, und das Aufladen von Prepaid-Handytarifen. Weitere Serviceangebote wie Strom- und Internetanschlüsse können folgen.

Enden könnte das Video mit einem Hinweislink, der zum Abschließen des BEISPIELBANK-Money führt, um alle Vorteile der BEISPIELBANK nutzen zu können. Die Aufbereitung der Inhalte und Erstellung dieses Videos müsste mit 9.000 Euro berechnet werden.

8.3.4 Video zur Erklärung des Internet-Bankings

Das Internet-Banking der BEISPIELBANK wird gerade zusammen mit dem Internetauftritt harmonisiert und überarbeitet. Im Rahmen des Relaunches könnte ein Erklärungsvideo wichtige Neuheiten für Bestandskunden und wichtige Inhalte des Funktionsumfanges für Neukunden knapp und einprägsam zusammenfassen. Um das Internet-Banking zu erklären, bietet sich eine ähnlich interaktive Form wie bereits bei der vorhergehenden Anwendung an. Auch stilistisch können die Introsequenz, die Screencastoptik, der Sprecher und das interaktive Menü übernommen werden. So ist es für den Benutzer ganz einfach, aus der Fülle an Themen die passenden auszuwählen und unpassende zu überspringen. Das Video sollte in die Themen unterteilt werden, die auch im Internet-Banking zu finden sind. Eine ähnliche Struktur im Video macht das System für den Rezipienten einfacher verständlich. Die einzelnen Unterpunkte sollten jeweils eine maximale Länge von drei Minuten haben und das gesamte Video nicht länger als 15 Minuten sein. Zur einfacheren Erklärung können auch hier ein Textfeld und das Einzoomen verwendet werden. Es folgt ein Screenshot der möglichen Darstellungsform.

Die Konzeption und Formulierung des Sprechertextes sollte durch eine Textagentur durchgeführt werden. Dadurch werden die inhaltliche Übereinstimmung und die Ansprache der Anspruchsgruppe gewährleistet. Für die komplette Erstellung dieses Videos würden ca. 12.000 Euro anfallen. Weitere entscheidende Inhalte und erklärungsbedürftige Themen sind im Folgenden als Screenshots dargestellt.

8.3.5 Videos zum Rund-um-Service-Bedürfnis

Das Bedürfnis nach einem Anbieter bzw. nach einer Bank, die weitere Servicedienstleistungen neben den Finanzdienstleistungen anbietet, ist in der Bevölkerung bisher nicht be- und als solches erkannt. Da dieser Service viele Vorteile für den Konsumenten bietet, die Marke BEISPIELBANK stärkt und den Absatz erhöht, muss eine Strategie entwickelt werden, um das Rund-um-Service-Bedürfnis in den Köpfen zu verankern. Hierzu können auch die Erkenntnisse aus der Analyse des Storytellings und der Bewegtbildkommunikation helfen. Eine langfristig erzählbare Geschichte um dieses Thema könnte über audiovisuelle Kommunikation vermittelt werden. Um dies zu verdeutlichen, könnte man in die Vergangenheit, Gegenwart und Zukunft schauen. Dies ist ein beliebtes Stilmittel der filmischen Gestaltung. Dabei könnte man zuerst zeigen, wie Bankgeschäfte und sonstige Servicegeschäfte, wie der Abschluss eines Telefon- bzw. Stromvertrages in den 60er Jahren abgelaufen sind. Dabei wird deutlich, wie umständlich das damals war, man musste einen Termin ausmachen, dann gut gekleidet den Termin wahrnehmen und bei jedem Änderungswunsch anrufen bzw. persönlich anwesend sein. Dann springt man in die Gegenwart und zeigt, dass man sich alle unterschiedlichen Services im Internet zusammensuchen muss und jedes Mal wieder seine Daten angeben und einzelne Verträge abschließen muss. Im dritten Schritt springt man dann in die Zukunft und zeigt die neue Einfachheit im BEISPIELBANK Internet-Banking. Hier sind dann alle Services vereint und man kann nur mit wenigen Klicks alles auf einmal regeln. Am Beispiel des Umzuges lässt sich dabei die Einfachheit und hohe Zeitersparnis sehr gut veranschaulichen. In der Zukunft muss nur noch einmal die Adresse geändert und vom Kunden/Nutzer selbst eingegeben werden. Da die Kunden erfahrungsgemäß immer den günstigsten Anbieter wollen, sollte die BEISPIELBANK garantieren in allen Gebieten günstigste und besten Konditionen zu haben.

Stilistisch sind hierbei auch wieder eine günstige und eine kostenintensive, aber emotional stärker beeinflussende Variante vorstellbar. Bei beiden Varianten müssen besonders ansprechende Stilmittel und Bilder verwendet werden, weil die Anspruchsgruppe von vornherein keinen starken Nutzen, wie die Erklärung der Produkte bzw. des Internet-Bankings, hat. Es bietet lediglich Edutainment und muss unterhaltsam gestaltet sein, um das Wegklicken zu vermeiden. Diese Videos sind demnach auch aufwendiger und kostenintensiver als einfache Screencasts. Bei der günstigeren Variante bietet sich eine

Mischung aus Postanimation und Realfilm an. Dabei wird ein Cafétisch gezeigt, um das Gefühl zu erzeugen, als erkläre eine Person den Sachverhalt an einem solchen. Nur das das Bild aus der Sicht des Erklärenden gezeigt wird. Dabei kann dann eine Hand auf dem Tisch schreiben, das Geschriebene entfernen, Fotos und sonstige Gegenstände platzieren und Grafiken zeichnen. So könnte man mit Fotos die Vergangenheit zeigen, mit Zeichnungen die Gegenwart darstellen und mit Grafiken und Bildern die Zukunft verdeutlichen. Zusätzlich zur visuellen Ebene wird das Gesehene auf der akustischen Ebene durch einen Sprecher erklärt. Wichtig bei der Gestaltung ist das Verwenden eines CI-HIntergrund, durch zum Beispiel die Tischdecke, die Verwendung desselben Sprechers wie bei den anderen Videos und der Intro-Sequenz. Das Video sollte eine Länge von 1-2 Minuten haben. Für die Erstellung dieser Variante müsste ein Zeitraum von zwei Monaten und ein Budget von 15.000 eingeplant werden. Zur Verdeutlichung dieser Kreationsidee dienen die folgenden drei Bilder.

Bei der kostenintensiveren Variante ist der Unterhaltungswert etwas höher, da ein bekanntes Stilmittel aus Spielfilmen verwendet wird. Bei dieser Idee nimmt ein Protagonist den Zuschauer mit auf eine Zeitreise und zeigt wie Bankgeschäfte in der Vergangenheit abgelaufen sind, welche Hürden es heute noch gibt und wie einfach und schnell es ab 2013 mit dem BEISPIELBANK-Internet-Banking funktioniert. Um die zeitliche Veränderung zu unterstützen, ist die Farbsättigung in der Vergangenheit gering und in der Zukunft sehr hoch. Das Video kann eine maximale Länge von drei Minuten haben. Für die Erstellung dieser Variante müssten ein Zeitraum von drei bis vier Monaten und ein Budget von 60.000 eingeplant werden. Auch für diese Variante wurden zur Verdeutlichung drei mögliche Screenshots erstellt.

Mit dem Schaffen dieses Bedürfnisses kann man die BEISPIELBANK als die Hausbank im Internet positionieren und darüber hinausgehen. Somit kann sie das Vision-Image-Gap schließen.

8.3.6 Kosten- und Zeitplan

Die folgenden Zahlen beruhen aus eigenen Erfahrungen mit der Konzeption und Erstellung von Bewegtbildinhalten in professionellem Kontext. Dabei wird davon ausgegangen, dass das Management der BEISPIELBANK maximal eine Überarbeitung der Konzepte und Endprodukte wünscht. Sollte es zu mehr Feedbackschleifen kommen, würde sich der

Zeit- und Kostenrahmen dadurch erhöhen. Da die einzelnen Kreationsideen unabhängig voneinander durchführbar sind, werden auch unabhängig von den anderen Projekten die Kosten berechnet. Werden mehrere Kreationsideen durch dieselben Verantwortlichen durchgeführt, können dadurch Kosten für gleiche Arbeiten gespart werden.

Maßnahme	Kosten
1. Überarbeitung des Corporate Design Bild	10.000 €
1.1 Erstellung eines Styleguides	1.500 €
1.2 Überarbeitung der Einbindung der Bilder auf der Internetseite	3.500 €
1.3 Fotoarbeiten für die Headbanner	5.000 €
2. Erstellung des Corporate Design Motion	10.000 €
2.1 Erstellung eines Styleguides	1.000 €
2.2 Erstellung von sonstigen digitalen Vorlagen	1.500 €
2.3 Erstellung der Introsequenz (Rechte vorhanden)	7.500 €
3. Aufbereitung des You-Tube Kanals	7.500 €
3.1 Erstellung von Unterthemen	Keine ext. Kosten
3.2 Erstellung von drei Videos für den Nachhaltigkeitskanal	7.500 €
4. Produkterklärungsvideos	10.000-40.000 €
4.1 Konzeption	5.000-10.000 €
4.2 Erstellung von drei Produkterklärungsvideos	5.000-30.000 €
5. Videomarketing und Keywordvideos	2.000 €
5.1 Verschlagwortung der Produktvideos und Google-Einbindung	500 €
5.2 Erstellung von zehn günstigen Keywordvideos	1.500 €
6. Hausbankvideo	8.500 €
6.1 Konzeption & Projektplanung	2.500 €
6.2 Animation und interaktive Einbindung	5.000 €
6.3 Sprecher	1.000 €
7. Erklärung des Internet-Bankings	12.000 €
7.1 Konzeption & Projektplanung	3.000 €
7.2 Animation und interaktive Einbindung	7.000 €
7.3 Sprecher	2.000 €
8. Videos zum Rund-Um-Bedürfnis	15.000-60.000 €
8.1 Konzeption & Projektplanung	1.500-5.000 €
8.2 Produktion und Postproduktion (inklusive Rechte)	13.500-55.000€
Gesamtsumme	**75.000 – 150.000 €**

Abbildung 29 // Tabelle: Auflistung der Kosten der Kreationsideen[134]

---

[134] Eigene Darstellung

Sollten alle Maßnahmen durchgeführt werden, sollten die einzelnen Maßnahmen gestaffelt durchgeführt werden. Dies verdeutlicht der folgende Plan.

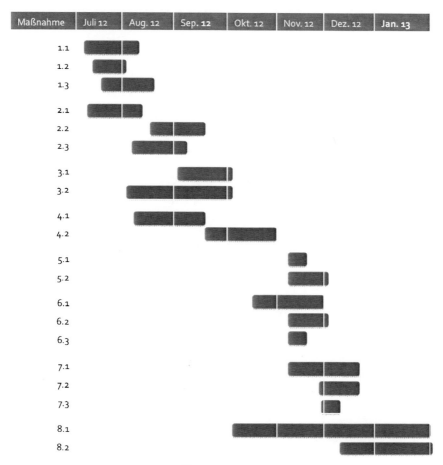

Abbildung 30 // Zeitplan für die Kreationsideen[135]

8.3.7 Ideen für die Zukunft

Eine weitere sehr gut geeignete Einsatzmöglichkeit für die BEISPIELBANK sind Videos mit Mitarbeiterinterviews. Diese können für das interne und externe Recruiting-Marketing und Employer-Branding genutzt werden. Dabei werden die Mitarbeiter in typischen Arbeitssituationen gezeigt und gebeten ihre Geschichte mit der BEISPIEL-

---
[135] Eigene Darstellung

BANK zu erzählen. Dies kann ein besonderes Ereignis sein oder einfach die Darstellung, wie sie zur BEISPIELBANK gekommen sind. Diese Videos würden intern und extern erheblich zum positiven Bild der BEISPIELBANK beitragen können, wenn sie authentisch und unterhaltsam sind. Da sie bisher jedoch nicht zur eher vorsichtigen und geschlossenen Kommunikationsstrategie passen, kann diese Form der Bewegtbildkommunikation erst langfristig dem Top-Management vorgeschlagen werden.

Auch generell könnte man die Mitarbeiter der BEISPIELBANK viel mehr in die Kommunikation einbeziehen, denn sie stehen für das Unternehmen, das meist nur über die Internetseite und als 24-Stunden-Telefonservice von den Privatkunden wahrgenommen wird. So könnten auch sie anstatt Bildkommunikation der Internetseite aufgenommen werden. Als übergreifendes Konzept könnten sie den Slogan der Beispielbank auf sich beziehen und ihre besondere Kommunikationsstärke mit Aussagen wie „Ich spreche fließend EINFACH!", „Ich spreche fließend VERSTÄNDLICH!" oder „Ich spreche fließend FREUNDLICH" ausdrücken. Damit diese Idee nicht lächerlich wird, ist es wichtig, dass echte Mitarbeiter mit echten Kompetenzen und eigenen Handschriften für diese Aussagen stehen.

Abbildung 31 // Beispielhafte Ausschnitte für neue Headbanner[136]

---

[136] *Eigene Darstellung / Foto: Fotolia*

9 Controlling-Ansätze

Kommunikationsmaßnahmen können schnell hohe Kosten verursachen und müssen daher auf ihren Erfolg kontrolliert werden. Zu einem umfassenden Kommunikationskonzept gehört daher auch die Beschreibung der Erfolgskontrolle. Diese Beschreibung ist oft entscheidend für die Nutzung der Kommunikationsmaßnahme, da sie wenig greifbare Zuschreibungen wie Image in erfassbare Zahlen umwandelt. Der Erfolg bzw. Einsparpotentiale von Design und Film sind meist schwer nachweisbar. Trotzdem stellt man eine Korrelation zwischen der Stärke der Unternehmensidentität und dem Unternehmenserfolg fest. Man kann also festhalten, dass Design-Orientierung einen Zusatznutzen schafft und gutes Design den Absatz fördert.[137]

Eine einfache Auswertung für die BEISPIELBANK ist mit den statistischen Auswertungsmöglichkeiten auf YouTube und das Homepage-Auswertungs-Tool Webtrekk möglich. Es sollten vierteljährliche Reportings über die Anzahl der geschauten Videos und Inhalte erstellt werden, um die Ausrichtung zu verbessern und Inhalte anzupassen. Eine Schulung für diese Maßnahmen ist nicht notwendig, da dies bekannte Auswertungsprogramme der BEISPIELBANK sind, die bereits genutzt werden.

Um die Videos ebenfalls auf qualitative Untersuchungsaspekte hin auszuwerten, könnte man ziemlich kostengünstig Fragen, wie „Was sagst du zu unserem neuen Internet-Banking-Film" auf dem offiziellen Profil der Bank auf Facebook posten. Die daraufhin getätigten Kommentare können Aufschluss über das Gefallen und Verbesserungsvorschläge bieten. Aus Erfahrungswerten kann davon ausgegangen werden, dass vor allem knappe Bekundungen des Gefallens und Missfallens gepostet werden. Zudem werden möglicherweise einige Nutzer z.B. Wörter wie „nichts" und damit inhaltlich weniger nutzbare Informationen bieten. Dies wird jedoch aufgrund der loyalen und bisher sehr angenehmen Fan-Struktur auf Facebook sehr geringfügig auftreten. Ähnliche Informationen bieten auch die freiwillig erstellbaren Kommentare auf dem Videoportal YouTube. Um umfassendere Informationen zu erhalten, könnte man nach ca. einem Jahr alle Videos mit einer computergestützten Befragung, bei der die Videos auch gezeigt werden, untersucht werden. Dies könnte durch ein Marktforschungsinstitut in Form eines Inter-

---

[137] Vgl. Simon, D. (2009), S. 34

net Panels, bei dem eine vorhandene Gruppe von Menschen die Befragung über das Internet abwickelt, durchgeführt werden.

10   Fazit und Ausblick

Nach der theoretischen Betrachtung der diversen Themenbereiche und vor allem der Entwicklung der Bewegtbildkommunikation sowie der Analyse der BEISPIELBANK wird deutlich, dass diese Art der Kommunikation auch für die kostengünstige Direktbank Vorteile bietet. Allein die durchgeführte SWOT-Analyse zeigt, dass genug Potentiale durch die Verbindung der Bank mit dem Betrachtungsgegenstand vorhanden sind, um ein komplettes Abraten auszuschließen. Alleinige Kostenscheue oder die wenige Erfahrung auf diesem Gebiet können keine Grundlage für eine ablehnende Argumentation sein. Dafür wird das Aufbereiten von Informationen für die Anspruchsgruppe viel zu bedeutsam. Einfache Textkommunikation kann nicht mehr die Basis für ein digitales Unternehmen in einer multimedialen Welt sein.

Die im Ergebnisteil erstellten ersten Empfehlungen bieten der BEISPIELBANK ein Spektrum an Möglichkeiten, die speziell für sie entwickelt wurden, um die Internetkommunikation und den Auftritt der Marke BEISPIELBANK zu verbessern. Sie bieten zusätzlich mehr Emotionalität und Unterhaltung, bewahren jedoch trotzdem das konsequent Konzept. Die im Zusammenhang mit den Bewegtbildkonzepten entworfenen Geschichten sind entsprechend den Erkenntnissen des Storytellings ausgerichtet, um somit möglichst viele Sinne anzusprechen sowie leicht verständlich und interaktiv adaptierbar zu sein.

Wenn sich die Bank wie empfohlen diese Kommunikationsmittel aneignet, gilt es auch, diese nachhaltig zu entwickeln und für eine schnelle Weiterentwicklung vorzubereiten. Einige dieser Fortschritte sind bereits absehbar.

Bewegtbild wird in Zukunft nicht nur in der Wirtschaftskommunikation immer wichtiger werden. Auch in Politik und Gesellschaft müssen professionelle und innovative Kommunikation eingesetzt werden, um die immer komplexer werdende Welt zu erklären und zu deuten. Große Unternehmen werden zu multimedialen Inhalte-Produzenten und dadurch wird auch der Bedarf an Bewegtbildkommunikation steigen. Audiovisuelle Inhalte werden immer effizienter produziert und ohne großen Aufwand über diverse Plattformen und Kanäle verbreitet. Durch die geringeren Kosten wird auch bei kleinen und mittelständischen Unternehmen die Nachfrage nach Bewegtbildinhalten steigen. Unternehmensfilm und Bewegtbildkommunikation müssen sich den neuen Möglichkeiten anpassen, damit Unternehmen nicht das gleiche Schicksal ereilt wie viele Printmedien und das Musikfernsehen.

Filme werden in Zukunft immer mehr auf Locker- und Bescheidenheit setzen und diese darstellen. Strukturen und Dominanz hingegen sind immer weniger gefragt. Es kommt also nicht mehr darauf an, mit großen Unternehmensgebäuden zu protzen, sondern den Adressaten auf Augenhöhe zu begegnen. Zudem werden „grüne" Themen wie zum Beispiel das Umweltbewusstsein immer mehr zum Inhalt der Bewegtbildkommunikation. Daneben wird der Verweis auf Werte wichtig für die filmische Kommunikation. Dabei muss jedoch auch gezeigt werden, dass die Unternehmen nach diesen Werten handeln. Auch in Zukunft sollen Unternehmensfilme Orientierung bieten. Deswegen wird es immer mehr Spartenfilme innerhalb eines Unternehmensfilm-Kanals statt des einen allumfassenden Unternehmensfilms geben. Wie diese Studie eindeutig herausstellt, wird Film auch immer interaktiver werden. Der Umgang mit Web 2.0, Rückkopplungsprozessen und Wikifilm, bei dem der Ausgang des Filmes mitbestimmt werden kann, wird also immer entscheidender. Zudem kann man die Anspruchsgruppen mit Infotainment, also einer Mischung aus Information und Unterhaltung, für Themen des Unternehmens begeistern. Dabei sollte darauf geachtet werden, dass Sinnbotschaften und gute Gedanken vermittelt werden und eine starke Idee als Grundlage dient. Dazu ist wichtig, dass Mehrwert für den Zuschauer geschaffen, Imperfektes zugelassen und ein besonderer Stil verwendet wird.[138]

---

[138] *Vgl. Lanzenberger, W. & Müller, M. (2010), S. 292ff.*

11 Glossar[139]

- APPS ist eine Abkürzung für das aus dem englischen stammende APPLICATION und bezeichnet Anwendungsprogramme auf meist mobilen digitalen Computer, wie zum Beispiel Smartphones.
- BEWEGTBILD dient als Bezeichnung für eine Folge von Bildern, die durch das schnelle Abspielen mit der entsprechenden Technik beim Betrachter die Illusion der Bewegung erzeugen. Bewegtbild im Web sind entsprechend hergestellte Bewegtbildinhalte, die in den verschiedensten Formen über frei verfügbare Browsertechnologie/Apps für den Nutzer zugänglich sind.[140]
- BRANDED ENTERTAINMENT ist eine weiterentwickelte Form von Produktplatzierung, und somit ein Kommunikationsmittel der Vermarktung. Von Branded Entertainment spricht man, wenn die Handlung eines Medienproduktes primär den Zweck erfüllt, bestimmte Produkte in Szene zu setzen.
- MONEY BACK (engl. Money back wörtlich „Bargeld zurück") ist ein Bonusprogramm, das sich von klassischen Bonusprogrammen wie Payback, HappyPoints und Webmiles dadurch unterscheidet, dass keine Rabattpunkte gesammelt werden, sondern echtes Geld ausgezahlt wird.
- COMMUNITY ist eine Gruppe von Personen, deren Bindung sich aus gemeinsamen Motiven, Situationen oder Zielen ergibt und die sozial miteinander interagiert.
- CORPORATE BRANDING bezeichnet den Aufbau und Einsatz von Marken, um Unternehmen zu profilieren und damit zur Steigerung des Unternehmenswerts beizutragen.
- CORPORATE BRANDING ANALYSE wird auch Vision-Culture-Image (VCI) Modell genannt und untersucht die Unterschiede ziwschen Vision des Managements, Unternehmenskultur und externes Image.
- CORPORATE IDENTITY ist die Identität eines Unternehmens. Diese besteht aus allen Merkmalen eines Unternehmens, dass es von anderen Unternehmen unterscheidet.
- CORPORATE IMAGE ist das Fremdbild von einem Unternehmen. Es ist nicht Teil der Corporate Identity.

---

[139] *Die Definitionen sind zumeist abgeänderte Formulierungen der jeweiligen Wikipedia-Einträge.*
[140] *Vgl. Bundesverband digitale Medien e.V. (2010), S. 7*

- CORPORATE MOTION kann durch Film, Grafik und Sound erzeugt werden. Ein häufiges Einsatzgebiet hierfür ist das Erscheinungsbild von Fernsehsendern.
- COSTOMER EXPERIENCE MANAGEMNET ist der Prozess des strategischen Managements aller Kundenerlebnisse mit einer Marke oder einem Unternehmen an sämtlichen Kontaktpunkten.[141]
- DIREKTBANKEN sind Banken, die Bankgeschäfte ohne eigenes Filialnetz und häufig über das Internet anbieten.
- EDUTAINMENT ist ein Kofferwort, dass sich aus den englischen Wörtern education (Bildung) und entertainment (Zeitvertreib) zusammensetzt und ein Konzept der elektronischen Wissensvermittlung, bei dem die Inhalte spielerisch und gleichzeitig auch unterhaltsam vermittelt werden, bezeichnet. Unterhaltsames Lernen kann unter anderem in Fernsehprogramme, Computer-/Videospiele oder andere Multimedia-Softwaresysteme integriert werden.
- ENGAGEMENT LEVEL beschreibt den intensiven persönlichen Einsatz des Nutzers innerhalb der Social Media-Plattform.
- ENTERPRISE 2.0 bezeichnet den Einsatz von Social Software im (internen) Unternehmenskontext und wurde von Andrew McAfee geprägt.
- E-RECRUITING ist die Unterstützung der Personalbeschaffung durch den Einsatz elektronischer Medien wie Internet und Personalsysteme.
- ERLEBNISMARKETING ist Verkaufsförderng unter Einsatz von erlebnisvermittelnden Maßnahmen, wie z.B. Schaffung von Einkaufsatmosphäre. Dabei wird der potenzielle Käufer auf emotionaler Ebene angesprochen (Emotion).[142]
- IMAGE bezeichnet das innere Gesamt- und Stimmungsbild bzw. den Gesamteindruck, den eine Mehrzahl von Menschen von einem Meinungsgegenstand hat.
- IN-STREAM ADS sind Werbeanzeigen in audiovisuellen Beiträgen, die im Internet zur Verfügung gestellt werden.
- INVOLVEMENT kennzeichnet das Engagement, mit dem sich Konsumenten einem Angebot zuwenden.
- KUNDENBINDUNGSMARKETING sind alle Marketing-Maßnahmen, die der Kundenbindung und –loyalität dienen.

---

[141] Vgl. Schmitt, B. & Mangold, M. (2004), S. 24
[142] Vgl. Gabler Wirtschaftslexikon (2012)

- LONG TAIL bedeutet bezogen auf das Web 2.0 den Zugang zu früher nicht verfügbaren Nischen-Anwendungen und –Inhalten, über die insgesamt mehr Gewinn erzielt werden kann als mit den wenigen Top-Anwendungen und –Inhalten.[143]
- MOODSCHLEIFEN sind kurze Filme, die durch Bilder und Musik eine bestimmte Stimmung vermitteln sollen.
- ONLINE-MARKETING bezeichnet alle Marketing-Maßnahmen, die mit Hilfe des Internets durchgeführt werden.
- PODCAST ist eine Serie von Medienbeiträgen (Episoden), die über das Internet abonniert und automatisch bezogen werden können.
- REBRIEFING ist ein Informationsabgleich zwischen ausführender und beauftragender Partei. Es folgt dem Briefing und bildet die Vertragsgrundlage eines Auftrages. Darum wird das Rebriefing protokolliert und von beiden Parteien abgezeichnet.
- RECRUITING ist Teil der Personalwirtschaft und befasst sich mit der Deckung eines zuvor definierten Personalbedarfs.
- REFERRER sind die Internetadressen der Webseiten, von der die Benutzer gekommen sind, und können als Zusatzinformation an Webserver geschickt werden. Diese Daten können für das Online-Tracking genutzt werden.
- RICH MEDIA bezeichnet Internetinhalte, die optisch und akustisch durch beispielsweise Video, Audio und Animation angereichert werden.
- RISK OF IGNORING (ROI) beschreibt das Risiko, welches ein Unternehmen eingeht, wenn es Social Media ignoriert.
- SCREENCAST ist die Bezeichnung für einen digitalen Film, der die Abläufe bei der Verwendung von Software am Computer-Bildschirm wiedergibt und beschreibt. Typischerweise werden die Abläufe von Audio-Kommentaren oder Untertiteln begleitet. Ein Screencast ist ein aus einer Folge von Screenshots gefertigter Film.
- SCREENSHOTS sind einzelne Aufnahmen des Computer-Bildschirms.
- SOCIAL COMMERCE beschreibt den Umstand, wenn Unternehmen aus Präferenzlisten und Konsumverhalten der Nutzer Charakteristika für die Werbungs- und Angebotsgestaltung ermitteln. Erfolgreich betreiben dies Amazon und iTunes.[144]

---

[143] Vgl. Back, A.; Gronau, N.; Tochtermann, K. (2009), S. 282
[144] Vgl. Zerfass, A.; Sandhu, S. (2008), S. 285

- SOCIAL MEDIA sind die internetbasierten sozialen Netzwerke, die als Plattformen zum gegenseitigen Austausch von Meinungen und Erfahrungen dienen.
- SOCIAL MEDIA-MARKETING ist eine Form des Onlinemarketings, die Marketingziele durch Beteiligung in verschiedenen Social Media-Angeboten erreichen will.
- SOCIAL-NETWORKING-DIENSTE sind Netzgemeinschaften beziehungsweise Webdienste, die Netzgemeinschaften beherbergen. Handelt es sich um Netzwerke, bei denen die Benutzer gemeinsam eigene Inhalte erstellen (User Generated Content), bezeichnet man diese auch als soziale Medien.
- SOCIAL SOFTWARE sind Anwendungen, die als Teil eines soziotechnischen Systems menschliche Kommunikation, Interaktion und Zusammenarbeit unterstützen.[145]
- SOCIAL TAGGING ist eine Form der freien Verschlagwortung (Indexierung), bei der Nutzer von Inhalten die Deskriptoren (Schlagwörter) mit Hilfe verschiedener Arten von Sozialer Software ohne Regeln zuordnen. Die bei diesem Prozess erstellten Sammlungen von Schlagwörtern werden auf Deutsch Folksonomien genannt.
- SOCIAL WEB wird oft kongruent zum Begriff Web 2.0 benutzt. Es grenzt sich jedoch dadurch ab, dass es den Teil des Internets beschreibt, bei dem es um die Unterstützung sozialer Strukturen und Interaktionen geht. Zudem verweist es auf keine Neuartigkeit und hebt den sozialen Charakter hervor.
- STORYTELLING ist eine Form, bei der man mittels Geschichten spezifische Ziele der Unternehmenskommunikation forcieren kann.
- SUPER BOWL ist das Finale der US-amerikanischen American-Football-Profiliga National Football League (NFL). Der Super Bowl ist weltweit eines der größten Einzelsportereignisse und erreicht in den Vereinigten Staaten regelmäßig die höchsten TV-Einschaltquoten des Jahres.
- TARGETING oder ONLINE-TARGETING (Deutsch: Zielgruppenansprache) ist ein Marketinginstrument und bezeichnet das zielgruppenorientierte Einblenden von Werbung auf Webseiten. Ziel des Targeting ist es, durch eine möglichst genaue Definition der Zielgruppe dem User entsprechende Werbung einzuspielen. Je präziser das Targeting ist, desto höher ist die Chance, die richtige Zielgruppe anzusprechen.

---

[145] Vgl. Back, A.; Gronau, N.; Tochtermann, K. (2009), S. 4

- TRACKBACKS sind Funktionen, mit denen Blogs Informationen über Links in Form von Reaktionen beziehungsweise Kommentaren durch einen automatischen Benachrichtigungsdienst untereinander austauschen können.
- TRACKING oder auch LISTENING 2.0 ist die moderne Form des Pressespiegels und spielt sich vor allem im Web 2.0 ab. Es ist die Analyse der unternehmensspezifischen Inhalte, die im Internet kursieren.
- USER GENERATED CONTENT steht für Inhalte, die nicht vom Anbieter eines Webangebots, sondern von dessen Nutzern erstellt werden.
- WEB 2.0 beschreibt die vorhandenen Technologien, Prozesse und interaktiven Anwendungen, die es dem Internet-Nutzer ermöglichen, Inhalte in quantitativ und qualitativ entscheidendem Maße selbst zu erstellen, zu bearbeiten und zu verteilen.
- WEBLOG stammt von den englischen Wörtern (World Wide) Web und Log für Logbuch ab und ist ein auf einer Website geführtes und damit meist öffentlich einsehbares Tagebuch oder Journal.
- WIKIS sind Web-basierte Autorenwerkzeuge, um kollaborative Inhaltssammlungen zu erstellen. Das bekannteste Wiki ist das Wikipedia-Projekt.[146]

---

[146] Vgl. Back, A.; Gronau, N.; Tochtermann, K. (2009), S. 10

12 Abbildungsverzeichnis

Abbildung 1 // Grafik zur Darstellung des Forschungsdesigns 15
Abbildung 2 // 4 Erlebnissphären 16
Abbildung 3 // Tabelle: Einsatzmöglichkeiten im Internet 25
Abbildung 4 // Tabelle: Vor- und Nachteile der Videoplattformen 26
Abbildung 5 // Tabelle: Vor- und Nachteile des Web-TV 26
Abbildung 6 // Tabelle: Vor- und Nachteile von Filmen in sozialen Netzwerken 27
Abbildung 7 // Tabelle: Kategorien für einen guten Film 28
Abbildung 8 // Motivkarte der BEISPIELBANK 48
Abbildung 9 // Beispiel einer Themenseite der ING Diba 49
Abbildung 10 // Ausschnitt aus der Guided Tour 49
Abbildung 11 // Ausschnitt aus einem aktuellen Werbespot der ING Diba 50
Abbildung 12 // Ausschnitt eines DiBa Dings Bums Spots 51
Abbildung 13 // Startseite der Deutschen Bank 52
Abbildung 14 // Unterrubrik Filmmaterial und Themengebiet Mediathek innerhalb der CSR-Internetseite 52
Abbildung 15 // Abbinder am Ende der meisten Videos 53
Abbildung 16 // Startseite der GLS Bank 54
Abbildung 17 // Moderatorin im Internet-Banking Film und Zeichentrickanimation 55
Abbildung 18 // Startseite der Berliner Sparkasse 55
Abbildung 19 // Beispielvideo zur Erklärung der Riester-Rente 56
Abbildung 20 // Ein sehr erfolgreiches Web 2.0 Video auf dem YouTube Kanal der Berliner Sparkasse 57
Abbildung 21 // Startseite der Wells Fargo 58
Abbildung 22 // Credit Education Kanal und Business Insights Resource Center 58
Abbildung 23 // Beispiel aus dem Retirement Center 59
Abbildung 24 // YouTube Kanal der Wells Fargo 60
Abbildung 25 // Tabelle: SWOT – Analyse zur Entscheidungsfindung 66
Abbildung 26 // Tabelle: Gegenüberstellung der Strategie und Maßnahmen 67
Abbildung 27 // Raster für die Bewegtbildkommunikation 70
Abbildung 28 // Google-Suche nach Girokonto + Video 73
Abbildung 29 // Tabelle: Auflistung der Kosten der Kreationsideen 78
Abbildung 30 // Zeitplan für die Kreationsideen 79
Abbildung 31 // Beispielhafte Ausschnitte für neue Headbanner 80

13 Literatur- und Quellenverzeichnis

- BACK, Andrea; GRONAU, Norbert; TOCHTERMANN, Klaus (Hrsg.) (2009): *Web 2.0 in der Unternehmenspraxis: Grundlagen, Fallstudien und Trends zum Einsatz von Social Software*. München: Oldenbourg Verlag.
- BEISSWENGER, Achim (2010). *Audiovisuelle Kommunikation in der globalen Netzwerkgesellschaft*. In DERS. (Hrsg.) YouTube und seine Kinder. Wie Online-Videos, WebTV und Social Media die Kommunikation von Marken, Medien und Menschen revolutionieren. Baden-Baden: Nomos.
- BERLINER SPARKASSE (2012a). *Startseite der Berliner Sparkasse*. URL: http://www.berliner-sparkasse.de. Stand: 20.04.2012.
- BERLINER SPARKASSE (2012b). *Erklärvideo zur Riesterrente*. URL: https://www.berliner-sparkasse.de/privatkunden/altersvorsorge/riesterrente/video/index.php?n=%2Fprivatkunden%2Faltersvorsorge%2Friesterrente%2Fvideo%2F&IFLBSERVERID=IF@@051@@IF. Stand: 20.04.2012.
- BERLINER SPARKASSE (2012c). *Berliner Sparkasse auf YouTube*. URL: http://www.youtube.com/user/BerlinerSparkasse?ob=0. Stand: 20.04.2012.
- BERLINER SPARKASSE (2012d). *Flashmob auf YouTube*. URL: http://www.youtube.com/watch?v=8vsnv9ThngI. Stand: 20.04.2012.
- BEWEGTBILD IM WEB KONFERENZ (2011). *InPage oder InStream – wo liegt die Zukunft der Bewegtbildwerbung im Internet*. URL: http://www.bewegtbild-konferenz.de/praesentationen/20111027_bvdw_biw_praesentation_mudter.pdf. Stand: 07.05.2012
- BEYROW, Matthias (2007). *25 Jahre Corporate Something*. In Kiedaisch, Petra & Samesch, Stéphanie (Hrsg.) Corporate Identity und Corporate Design: Neues Kompendium. München: AV Edition.
- BROCKHAUS (2012). *Ästhetik*. URL: http://www.brockhaus.de/brockhaus-suche/index.php?pfad=suche/abstract.php?shortname=b15&artikel_id=10501500. Stand: 20.03.2012.
- BUNDESVERBAND DIGITALE WIRTSCHAFT E.V. (2010). *Bewegtbild im Web - Kompass 2010/2011*. Düsseldorf: Selbstverlag.

- BUSINESS WISSEN (2012). *Videomarketing mit Bewegtbildern – Kunden im Web gewinnen*. http://www.business-wissen.de/marketing/videomarketing-mit-bewegtbildern-kunden-im-web-gewinnen/. Stand: 15.03.2012.
- COSMIQ (2012). *Was macht für euch einen guten Film aus?* URL: http://www.cosmiq.de/qa/show/83493/Was-macht-fuer-euch-einen-guten-Film-aus/. Stand: 28.03.2012.
- DEUTSCHE BANK AG (2012a). *Startseite der Deutschen Bank AG*. URL: http://www.deutsche-bank.de. Stand: 20.04.2012.
- DEUTSCHE BANK AG (2012b). *Filmmaterial*. URL: http://www.deutsche-bank.de/medien/de/content/filmmaterial.htm. Stand: 20.04.2012.
- DEUTSCHE BANK AG (2012c). *Filmmaterial*. URL: http://www.deutsche-bank.de/csr/de/medienzentrum/multimedia.html. Stand: 20.04.2012.
- DEUTSCHE BANK AG (2012d). *Deutsche Bank YouTube Kanal*. URL: http://www.youtube.com. Stand: 20.04.2012.
- DEUTSCHE BEISPIELBANK AG (2009). *BEISPIELBANK als Marke*. Berlin: Selbstverlag.
- DEUTSCHE BEISPIELBANK AG (2010a). *BEISPIELBANK-Club – der attraktive Mehrwert*. Berlin: Selbstverlag.
- DEUTSCHE BEISPIELBANK AG (2010b). *Absatzstatistik Privatkunden Mai 2010*. Berlin: Selbstverlag.
- DEUTSCHE BEISPIELBANK AG (2011). *Geschäftsbericht 2010*. Berlin: Selbstverlag.
- DEUTSCHE BEISPIELBANK AG (2012a). Berlin: Selbstverlag.
- DEUTSCHE BEISPIELBANK AG (2012b). *BEISPIELBANK auf Facebook*. URL: https://www.facebook.com/beispielbank. Stand: 20.04.2012.
- DEUTSCHE BEISPIELBANK AG (2012c). *Statistik des BEISPIELBANK Facebook Profils*. URL: https://www.facebook.com/beispielbank?sk=page_insights. Stand: 20.04.2012.
- DEUTSCHE BEISPIELBANK AG (2012d). *Homepage der Deutschen Beispielbank AG*. URL: http://www.Beispielbank.de. Stand: 14.05.2012.
- DEUTSCHE BEISPIELBANK AG (2012e). *BEISPIELBANK auf YouTube*. URL: http://www.youtube.com/user/beispielbank. Stand: 14.05.2012.
- DEUTSCHE BEISPIELBANK AG (2012f). *Internet-Banking*. URL: https://banking.Beispielbank.de/Beispielbank/-. Stand: 16.05.2012.

- EMPFEHLEN IST GOLD (2012). *Das Testsiegerkonto - BEISPIELBANK Money!*. URL: http://www.youtube.com/watch?v=ymrIVCDDF9g. Stand: 14.05.2012.
- FLICK, Uwe; VON KARDORFF, Ernst; STEINKE, Ines (2000). *Qualitative Forschung. Ein Handbuch.* Reinbek: Rowohlts
- GABLER WIRTSCHAFTSLEXIKON (2012). *Erlebnismarketing.* URL: http://wirtschaftslexikon.gabler.de/Definition/erlebnismarketing.html. Stand: 31.05.2012.
- GLS BANK (2012a). *Startseite der GLS Bank.* URL: http://www.gls-bank.de. Stand: 20.04.2012.
- GLS BANK (2012b). *YouTube Video zum Online-Banking Update.* URL: http://www.youtube.com/watch?v=Sv4wopm7LWI. Stand: 20.04.2012.
- GLS BANK (2012c). *YouTube Video: Wie funktioniert die GLS Bank?.* URL: http://www.youtube.com/watch?v=H2rGPbei1SA. Stand: 20.04.2012.
- GOOGLE (2012). *Suche nach Girokonto und Video.* URL: http://www.google.de/search?client=safari&rls=en&q=girokonto&ie=UTF-8&oe=UTF-8&redir_esc=&ei=J-.K4T5bFl8m3hAe1vMzBCw#hl=de&safe=off&client=safari&rls=en&sclient=psy-ab&q=girokonto+video&oq=girokonto+video&aq=f&aqi=&aql=&gs_l=serp.3...20287.29176.1.29382.32.22.7.3.3.1.424.5067.0j8j8j3j2.21.0...0.0.7Drob8QncpE&pbx=1&bav=on.2,or.r_gc.r_pw.r_qf.,cf.osb&fp=159c6d69922cbcd9&biw=1280&bih=702. Stand: 20.05.2012.
- HANDELSBLATT ONLINE (2012). *Top 15 – die wertvollsten Bankmarken der Welt.* URL: http://www.handelsblatt.com/unternehmen/banken/top-15-die-wertvollsten-bank-marken-der-welt/6183410.html?slp=false&p=14&a=false#image. Stand 26.04.2012.
- HEDIGER, Vincent; VONDERAU, Patrick (Hrsg.) (2007): *Filmische Mittel, industrielle Zwecke. Das Werk des Industriefilms.* Berlin: Vorwerk 8.
- HERBST, Dieter (1998): *Corporate Identity.* Berlin: Cornelsen Verlag.
- HERBST, Dieter (2004). *Corporate Imagery. Wie Ihr Unternehmen ein Gesicht bekommt. Orientierung und Vertrauen durch starke Bilder.* Berlin: Cornelsen Verlag.
- HERBST, Dieter (2011): *Storytelling.* Konstanz: UVK Verlagsgesellschaft.
- HERBST, Dieter (2009). *Corporate Identity.* Berlin: Cornelsen Verlag.

- HOLTKAMP, Patrick (2011). *Bewegtbild im Web*. URL: http://www.bewegtbild-konferenz.de/praesentationen/20111027_bvdw_biw_praesentation_holtkamp.pdf. Stand: 15.05.2012
- ING DIBA (2012a). *Über Uns*. URL: https://www.ing-diba.de/ueber-uns/. Stand 20.04.2012.
- ING DIBA (2012b). *Guided Tour Online Banking*. URL: https://www.ing-diba.de/kundenservice/banking-und-brokerage/guided-tour. Stand 20.04.2012.
- ING DIBA (2012c). *Werbespot auf YouTube*. URL: http://www.youtube.com/watch?v=UUt59ka6MP4. Stand 20.04.2012.
- ING DIBA (2012d). *Dingsbums auf YouTube*. URL: http://www.youtube.com/watch?v=alL8QTszlJA . Stand 20.04.2012.
- JANEK, Boris (2010). *Social Media bringt Banken zurück zum Menschen.* München: Internet World Fachmesse.
- KOCH, Claus (2007). *Die Vitalität der Konsequenz*. In Kiedaisch, Petra & Samesch, Stéphanie (Hrsg.) Corporate Identity und Corporate Design: Neues Kompendium. München: AV Edition.
- KROEHL, Heinz (2000): *Corporate Identity als Erfolgsrezept im 21. Jahrhundert.* München: Vahlen Verlag.
- LANZENBERGER, Wolfgang; MÜLLER, Michael (2010): *Unternehmensfilme drehen. Business Movies im digitalen Zeitalter.* Konstanz: UVK Verlagsgesellschaft mbH.
- MEYER, Dirk (1994). *Design Management in mittelständischen Unternehmen*. Iserlohn: Hans Herbert Mönnig Verlag.
- MÜHLENBECK, Frank (2010). *Banken im Social Web*. Köln: DIKRI Verlag.
- NEUMANN, David (2008). *Die Marke auf dem Weg zum Erlebnis*. In Herbrandt, Nicolai. Schauplätze dreidimensionaler Markeninszenierung. Stuttgart: Edition neues Fachwissen.
- NEUNETZ (2012). *Jede Minute werden 60 Stunden Video auf YouTube hochgeladen*. URL: http://www.neunetz.com/2012/01/23/jede-minute-wird-60-stunden-video-auf-youtube-hochgeladen/ Stand: 15.03.2012.
- NIVEAUFILM (2012). *Gute Filmkunst und die Macht der bewegten Bilder*. URL: http://www.niveaufilm.de/film/gute-filmkunst-und-die-macht-der-bewegten-bilder/. Stand: 28.03.2012.

- OPASCHOWSKI, Horst (2008). *Das Moses-Prinzip. Die 10 Gebote des 21. Jahrhunderts.* München: Goldmann Verlag.
- PAYPAL (2010). *So funktioniert Paypal.* URL: http://www.youtube.com/watch?v=FlIWS81ZImI. Stand: 24.05.2012.
- PORTER, Michael (2002). *An Interview with Michael Porter by N. Argyres and A.M. McGahan*, In: The Academy of Management Executive, Vol. 16, Number 2. Birmingham: Academy of Management.
- PROJEKT STARWARS (2012). *Forum.* URL: http://www.projektstarwars.de/forum/sitemap/t-34346.html. Stand: 28.03.2012.
- SCHMITT, Bernd & MANGOLD, Marc (2004). *Kundenerlebnis als Wettbewerbsvorteil – Mit Customer Experience Management Marken und Märkte gestalten.* Wiesbaden: Gabler Verlag.
- SHOP 24 BANKVERGLEICH (2012). *YouTube Kanal.* URL: http://www.youtube.com/watch?v=soF1_CNaSaw. Stand: 20.04.2012.
- SIMON, Diana (2009). *Gestalten im Unternehmen – Design-Management für die Deutsche Welle.* Berlin: Diplomarbeit.
- SLANSKY, Peter (2004). *Digitaler Film – digitales Kino.* Konstanz: UVK Verlagsgesellschaft mbH.
- SPANNBETONI (2012a). *YouTube Kanal.* URL: http://www.youtube.com/user/spannbetoni. Stand: 20.04.2012.
- SPANNBETONI (2012b). *YouTube Kanal.* URL: http://www.youtube.com/watch?v=fU1kxrm74e4. Stand: 14.05.2012.
- STELLA, Philippe (2007). *Der Film wird digital. Der Einfluss der Digitalisierung auf die professionelle Filmproduktion.* Saarbrücken: VDM Verlag.
- STEPHAN, Peter Friedrich (2000). *Scheitern als Chance – Corporate Identity in der digitalen Wirtschaft.* In Birkigt, Klaus & Stadler, Marinus & Funck, Hans Joachim (Hrsg.) CI – Grundlagen, Funktionen, Fallbeispiele. München: Verlag Moderne Industrie.
- STRACK, Wolfgang (2007). *Corporate Motion und Sound.* In Kiedaisch, Petra & Samesch, Stéphanie (Hrsg.) Corporate Identity und Corporate Design: Neues Kompendium. München: AV Edition.

- WELLS FARGO (2012a). *Wells Fargo Startseite*. URL: http://www.wellsfargo.com. Stand 26.04.2012.
- WELLS FARGO (2012b). *Videoblog Pamela*. URL: https://www.wellsfargo.com/beyondtoday/blogs-videos/videos/pamela1. Stand 26.04.2012.
- WELLS FARGO (2012c). *Business Insights*. URL: https://wellsfargobusinessinsights.com/?utm_source=wellsfargo&utm_medium=ref. Stand 26.04.2012.
- WELLS FARGO (2012d). *Smarter Credit*. URL: https://www.wellsfargo.com/smarter_credit/videos/index. Stand 26.04.2012.
- WELLS FARGO (2012e). *Wells Fargo YouTube Videos*. URL: http://www.youtube.com/user/wellsfargo/videos?view=1. Stand 26.04.2012.
- WÖHLER, Karlheinz (2008). *Erlebnisgesellschaft – Wertewandel, Konsumverhalten und –kultur*. In Herbrandt, Nicolai. Schauplätze dreidimensionaler Markeninszenierung. Stuttgart: Edition neues Fachwissen.
- YAHOO (2012). *Forum*. URL: http://de.answers.yahoo.com/question/index?qid=20070825150041AAxdIjd. Stand: 28.03.2012.
- ZERFAß, Ansgar; SANDHU, Swaran (2008). *Interaktive Kommunikation, Social Web und Open Innovation: Herausforderung und Wirkung im Unternehmenskontext.* In ZERFAß, Ansgar; WELKER, Martin; SCHMIDT, Jan (Hrsg.) (2008): Kommunikation, Partizipation und Wirkungen im Social Web. Strategien und Anwendungen: Perspektiven für Wissenschaft, Politik und Publizistik. Köln: Halem Verlag.

// Anhang

Fragebogen

1. Wer sind die Bezugsgruppen der Videos? Wer soll erreicht / angesprochen werden?

☐ Kernzielkunden: männlich 25-49   ☐ Alle Kunden   ☐ Mitarbeiter
☐ Journalisten   ☐ Interessenten   ☐ Wohnwirtschaft
☐ Technologie / Industrie   ☐ Landwirtschaft   ☐ Job-Bewerber
☐ Medien   ☐ Sonstige:

_____

2. Welche neuen / bekannten Informationen sollen in den Videos bereitgestellt werden?

☐ Vorteile des BEISPIELBANK-Money und der Bank, wie z.B. kostenfreies Konto u.a.
☐ Berichte
☐ Einblicke über das Arbeiten bei der Deutschen Beispielbank AG
☐ Veranstaltungsinformationen
☐ „Grüne" und nachhaltige Informationen
☐ Aufbereitung der FAQs
☐ Sonstiges:

_____

3. Was ist das Belohnungsversprechen für die Bank / die Produkte?
☐ Einfachheit   ☐ Sparen   ☐ Gutes Gewissen
☐ Sonstiges:

_____

4. Was sind die Stärken der BEISPIELBANK?

_____
_____
_____

5. Was sind die Schwächen?

_____
_____
_____

6. Wo steht die BEISPIELBANK? Wo will sie hin? Wo wird die BEISPIELBANK in zehn Jahren stehen?

_____
_____
_____

8 Was für Erfahrungen haben Sie mit der Internetkommunikation der BEISPIELBANK? Gibt es auch Gefühle dazu? Welche Erwartungen haben Sie? Können Sie diese in Bildern ausdrücken? Bitte zeichnen Sie!

8. Was sind Besonderheiten der Unternehmenskultur?

_____
_____
_____

9. Was sollen die Videos bewirken? Was sollen die Geschichten erreichen?

☐ Emotionen erzeugen   ☐ informieren   ☐ Image verbessern
☐ Produkte erklären   ☐ unterhalten   ☐ SEO verbessern
☐ Interne Kommunikation verbessern ☐ aufklären ☐ int. + ext. Berichten
☐ Bezug zur Lebenswelt der Anspruchsgruppe herstellen ☐ Analogien herstellen
☐ Sonstiges: _____

10. Was können stilistische Mittel sein? Was darf Bestandteil sein?

☐ Green-Screen Studio Moderation ☐ Menschen ☐
☐ Mitarbeiter ☐ Zeichnungen ☐ Computeranimationen
☐ Stopp-Trick Animationen ☐ Sprecher ☐ Avatar, künstl. Intelligenz
☐ Verbindung mit Social Media ☐ Interaktivität ☐ Beiträge von Nutzern
☐ Logo & Claim ☐ Internetadresse ☐ Soundlogo
☐ Instrumentale Musik ☐ Sounds ☐ Musik mit Gesang
☐ Führungskräfte ☐ Experten ☐ Kunden
☐ Sonstiges: _____

11. Was ist das Leitbild, die Leitidee der BEISPIELBANK?
☐ Sonstiges:
_____

12. Welche Werte, Haltungen bzw. Gefühle sollen kommuniziert werden?

☐ Qualität ☐ Gemeinschaft ☐ Nachhaltigkeit
☐ Werte in Bezug auf die Geschichte ☐ Leistung ☐ Umweltbewusstsein
☐ Aktivität ☐ Sachlichkeit ☐ Ausgewogenheit
☐ Geborgenheit ☐ Bewusstsein ☐ Lebensfreude
☐ Einfachheit, z.B. Internet-Banking ☐ Freiheit ☐
☐ Partnerschaft ☐ Treue ☐
☐ Sonstiges: _____

13. Wie hoch darf das Budget für die neuen Videos/Bilder sein?
_____

14. Welche Mythen und Geschichten gibt es zur BEISPIELBANK?
_____